Entretiens avec Chomsky

David Barsamian

Entretiens avec Chomsky

Traduction: Louis de Bellefeuille

les éditions écosociété

MONTRÉAL

Typographie : Pierre Wyrsch

Illustration de la couverture : Pierre Faucher

Responsable de la production : Pierre Wyrsch

Titre original : *Class Warfare, Interviews with David Barsamian,*
Common Courage Press, 1-800-497-3207.
Pour un catalogue complet des entrevues réalisées par David Barsamian, vous pouvez vous adresser à *Alternative Radio,*
1-800-444-1977 (Boulder, Colorado).
Cette édition en français, qui ne compte que deux chapitres de l'original, est produite par les Éditions Écosociété.

C.P. 32052, succ. Les Atriums

Montréal, Québec, H2L 4Y5

Dépôt légal :

1er trimestre 1998

ISBN : 2-921561-27-1

Diffuseur en Amérique : *Dimédia inc.*
539, boul. Lebeau
Saint-Laurent (Québec)
H4N 1S2

en Belgique : Les Éditions *EPO*
20A , rue Houzeau de Lehaie
1080 Bruxelles

en France : *Diffusion de l'Édition québécoise (DEQ)*
30, rue Gay-Lussac
75005 Paris

Le Conseil des Arts du Canada depuis 1957 | The Canada Council for the Arts since 1957

Nous remercions le Conseil des Arts du Canada de l'aide accordée à notre programme de publication.

Table des matières

Données de catalogage avant publication (Canada)

Chomsky, Noam

Entretiens avec Chomsky

Traduction de : Class warfare.

ISBN 2-921561-27-1

1. Chomsky, Noam – Entretiens. 2. Chomsky, Noam – Pensée politique et sociale. 3. Participation politique. 4. Richesse – Aspect social. 5. Pauvreté – États-Unis – Entretiens. I. Barsamian, David. II. Titre.

P85.C47A514 1998 410'.92 C98-940227-4

Introduction

NOAM CHOMSKY, activiste politique de longue date, écrivain et professeur de linguistique au *Massachussets Institute of Technology (MIT),* est l'auteur de nombreux livres et articles sur la politique étrangère américaine, les affaires internationales et les droits de la personne.

Les entrevues qui suivent ont été enregistrées en 1995 dans le bureau de Chomsky au *MIT,* ainsi qu'au téléphone. Certaines d'entre elles ont été radiodiffusées à l'échelle nationale et internationale dans le cadre de ma série hebdomadaire *Alternative Radio.* D'autres ont été diffusées sur les ondes de la station *KGNU,* à Boulder au Colorado.

Les accolades et accusations dont Noam Chomsky a été l'objet sont trop nombreuses — et trop bien connues — pour être discutées ici. Ceux qui sont bien disposés à l'égard de ses idées pourront réagir de diverses manières. Ils pourront par exemple rester bouche bée devant son extraordinaire fécondité et son dévouement inébranlable au service de ses principes, inhibés par l'impression que ses capacités sont inégalables. Ou bien ils pourront mettre en application sa formule simple pour apprendre à connaître le monde et opérer des changements dans la société : « Depuis toujours, il n'y a jamais eu d'autre réponse que "mettez-vous au travail". » Pourtant, cela est moins difficile que de maîtriser la physique quantique ou d'apprendre le sanscrit.

Le présent ouvrage est publié dans l'espoir que le lecteur choisisse de s'engager dans l'action politique. Même s'il a déjà à son actif d'innombrables livres, entrevues, articles et conférences, Chomsky affiche la résolution suivante : « Ce que je devrais faire, c'est accomplir beaucoup plus de choses de ce genre. » Qu'une personne dévouée comme lui cherche à accroître sa contribution, voilà pour moi une source intarissable d'inspiration.

David Barsamian
10 mars 1996

CHAPITRE PREMIER

Le démantèlement : le retour du capitalisme prédateur

Entrevues réalisées les 31 janvier et 3 février 1995.

Le 31 janvier 1995

Vous rentrez tout juste d'Australie. Était-ce votre premier voyage dans ce pays ?

C'était en effet mon premier voyage en Australie. J'y suis resté huit ou neuf jours ; le calendrier de conférences et d'entrevues était pas mal chargé — les activités d'usage en somme. Il y avait l'éventail habituel de sujets, avec des auditoires énormes et très intéressés. Il y a eu beaucoup d'apparitions à la radio et à la télévision. La principale invitation était celle de la *East Timor Relief Association* (Association d'aide au Timor Oriental). Il y a en Australie une communauté nombreuse de Timorais. J'ai donné des conférences portant surtout sur le Timor Oriental, c'était un des principaux sujets abordés, mais aussi, bien entendu, sur les politiques australiennes notamment à l'égard du Timor Oriental ainsi que sur les politiques économiques domestiques.

Le choix du moment s'est révélé très propice. En effet une cause importante a été ouverte hier à la Cour internationale de Justice. Ici on n'en a pas rendu compte dans les médias, mais on en a fait état largement dans la presse mondiale et, bien sûr, abondamment en Australie. Cette affaire met en cause le Portugal et l'Australie. Elle concerne le vol du pétrole du Timor Oriental dans le cadre d'un traité signé par l'Australie et l'Indonésie. En effet, un motif essentiel de l'appui de l'Occident à l'invasion indonésienne du Timor Oriental, invasion qui a presque pris les proportions d'un génocide — nous le savons par des fuites à partir notamment de câbles diplomatiques —, ce motif essentiel, donc, est qu'on a cru pouvoir faire une meilleure affaire en volant les ressources pétrolières avec l'Indonésie plutôt qu'avec le Portugal, puissance tutélaire à l'époque, ou qu'avec un Timor Oriental indépendant. Cela ressort de manière très explicite des câbles diplomatiques transmis au cours de la période pendant laquelle les gouvernements prétendaient qu'ils ne savaient pas que l'invasion était imminente. Mais, bien entendu, ils le savaient.

On fait grand cas aujourd'hui de cette question controversée, c'est-à-dire de la cause de la Cour internationale de Justice et du simple fait que tout cela ait lieu. C'est une situation plus ou moins comparable à celle de la Libye s'entendant avec l'Iraq pour exploiter le pétrole du Koweit, avant l'expulsion des Iraqiens.

C'est à peu près comme cela que les choses se sont passées. Voilà donc une question très controversée. Et elle survient à point nommé puisqu'elle vient juste d'être abordée par la Cour internationale de Justice.

Autre problème — en fait, dès mon arrivée à l'aéroport la première manchette qui m'accueillit à la une du journal national l'*Australian* signalait que l'Australie avait accepté de vendre à l'Indonésie des fusils d'assaut perfectionnés, qui ne sont naturellement pas destinés à défendre l'Indonésie contre la Chine. On se sert de ces fusils pour la répression à l'intérieur du pays et pour l'occupation du Timor Oriental, où les combats se poursuivent et où la répression est très brutale. L'essentiel à cet égard est que l'Australie a trouvé un créneau commercial, parce que les É.-U. s'en sont finalement retirés sous d'intenses pressions domestiques, des pressions du Congrès et des milieux populaires. Pour finir, les É.-U. en sont venus à refuser certaines armes aux tueurs, tout au moins des armes de petit calibre. L'Australie a immédiatement comblé la brèche.

Il est difficile de ne pas voir le cynisme d'un tel comportement. Il ne faut pas oublier que les Australiens savent — même s'ils ne le lisent pas dans les livres scolaires ils s'en souviennent — qu'environ 60 000 Timorais ont été tués au cours de la Seconde Guerre mondiale. À l'époque l'île de Timor était divisée en deux : une moitié était une colonie portugaise et l'autre était néerlandaise. La partie portugaise serait probablement restée neutre pendant la guerre, comme Macao, autre colonie portugaise. Le Japon n'a jamais violé sa neutralité. Le Portugal était un pays fasciste, il était à demi allié. Il y a donc fort à parier que Timor serait restée neutre. Quoi qu'il en soit, l'Australie l'a envahie, et une dizaine de jours après Pearl Harbor les Japonais l'ont envahie à leur tour. Il y avait là quelques centaines de commandos australiens. Ceux qui ont pu survivre le doivent surtout à l'aide des Timorais, sans laquelle ils auraient rapidement été massacrés. Plus tard ils se sont finalement retirés, mais les Timorais sont bien sûr restés sur place. Ceux qui étaient soupçonnés par les Japonais d'avoir appuyé les Australiens ont tous été exterminés.

Si vous regardez une carte, vous comprendrez les conséquences de ces événements. Car les Japonais auraient très bien pu envahir l'Australie par la suite. En fait ils en avaient l'intention. Mais ils ne l'ont jamais fait. Ils l'ont bombardée, mais ils ne l'ont jamais envahie. Ce sont probablement les combats sur Timor qui les en ont empêchés. Ces 60 000 morts timorais ont donc certainement sauvé la vie de nombreux commandos australiens et ont peut-être permis à l'Australie d'échapper à une invasion. Or, rembourser cette dette en étant le seul pays du monde à reconnaître officiellement l'occupation du Timor Oriental, en volant son pétrole et en armant les meurtriers est mal accepté par la population. Le gouvernement a en outre fait montre de beaucoup de cynisme pour justifier sa politique. Mais, parce qu'il y a en quelque sorte des arriérés de ressentiment et de préoccupation et que Timor est située tout près de l'Australie, celle-ci accueille des réfugiés timorais. C'est donc une question très controversée.

Vous avez également donné une conférence sur l'anarchisme. Existe-t-il en Australie un mouvement anarchiste dynamique ?
Je ne suis pas vraiment à même de vous répondre. La réunion a eu lieu à l'hôtel de ville de Sydney. Il y avait là quelques milliers de personnes, ça débordait de monde. On avait organisé une conférence qui a duré toute la journée, il y a donc quelque chose de dynamique. Vous savez comment sont ces voyages, vous courez d'une conférence à l'autre. Je ne suis pas réellement en mesure de fournir une appréciation de ces mouvements.

J'ai eu l'occasion d'entrevoir ce que vous vivez. En novembre j'étais à Seattle et à Olympia. En une journée et demie j'ai donné trois conférences, accordé trois entrevues et participé à un atelier. À la fin j'avais la cervelle complètement réduite en bouillie. Je n'avais aucune idée de ce que j'avais dit à qui. Je me suis demandé comment vous parvenez non seulement à conserver votre équilibre et votre tranquillité d'esprit, mais encore à replacer dans le contexte ce que vous avez dit.
À ma connaissance, je n'ai qu'un seul talent. Je n'essaie pas d'être modeste. Je crois que je sais ce à quoi je suis bon et ce à quoi je ne suis pas bon. Le talent que j'ai dont je sais que certains de mes amis sont apparemment dépourvus, c'est qu'il y a une bizarrerie dans mon cerveau qui lui permet de fonctionner comme les mémoires distinctes d'un ordinateur. Si vous avez déjà

joué avec un ordinateur vous savez que vous pouvez laisser des informations à certains endroits et qu'elles y restent ; vous pouvez y retourner chaque fois que vous en avez envie et elles sont toujours là. D'une manière ou d'une autre j'arrive à faire cela. Je peux écrire un texte très technique à bâtons rompus : une partie en avion, une autre partie trois semaines après, et six mois plus tard j'y retourne enfin et je reprends les choses où je les avais laissées. D'une façon ou d'une autre je n'ai pas de difficulté à passer très rapidement d'une chose à l'autre. J'ai des amis comme cela. J'avais par exemple comme ami un logicien israélien bien connu, c'était un ami très intime. Nous nous voyions tous les cinq ou six ans. Nous poursuivions toujours la conversation là où nous l'avions laissée, sans hiatus et, surtout, sans même nous rendre compte de cette interruption. Nous n'en étions même pas conscients, jusqu'au jour où nous avons remarqué que cela paraissait étrange aux autres.

Avez-vous eu une pensée en Australie pour Alex Carey, l'homme à qui vous avez dédié Manufacturing Consent *?*
Oui, très souvent. En fait, je suis allé là pour un lancement de livre. Son livre d'essais posthumes (*Taking the Risk out of Democracy*) a été publié par l'Université de Nouvelle-Galles du Sud, où il a enseigné. J'ai écrit une introduction à cet ouvrage. Entre autres activités j'ai assisté au lancement du livre, discuté un peu sur le sujet et rencontré sa famille. J'ai également revu de

vieux amis que j'avais rencontrés par l'entremise d'Alex et en sa compagnie quand il est venu ici il y a plusieurs années. Il y a donc eu beaucoup d'activités personnelles.

Qu'y a-t-il de mémorable dans son travail? Quelle a été sa contribution?

Alex Carey a accompli le travail de pionnier dans un domaine extrêmement important, presque encore en friche. C'est le domaine de la propagande d'entreprise, qui constitue un phénomène fondamental du monde moderne. Son essai le plus important, qui circule sous le manteau depuis des années, n'a jamais été publié de son vivant [*« Changing Public Opinion : The Corporate Offensive »* (« Changer l'opinion publique : l'offensive par les entreprises »)] ; j'en ai reproduit et fait circuler des exemplaires à n'en plus finir. Il figure dans le récent ouvrage. Il commence en soulignant — il le dit mieux que cela — qu'il y a eu trois phénomènes principaux au cours du vingtième siècle en ce qui concerne la démocratie. Le premier est l'élargissement du droit de vote, qui est considérable. Le deuxième est la croissance des entreprises. Le troisième, ce sont les tentatives des entreprises pour saper la démocratie. Et il a parfaitement raison. C'est pour cela qu'il y a une industrie des relations publiques. Elle a été mise sur pied à peu près à l'époque où les entreprises ont acquis leur forme actuelle, au début du siècle. Elle a été créée, comme le disaient les dirigeants d'entreprise, pour « contrôler l'esprit du public », car ils se rendaient compte que l'esprit du public serait le principal obstacle auquel ils auraient à faire face et avaient compris que la démocratie constitue une menace réelle pour la tyrannie privée, tout comme elle représente une menace pour la tyrannie de l'État.

Nous vivons aujourd'hui dans un système de tyrannie privée qui a été élaboré au début du siècle, et cela de manière tout à fait délibérée. En fait, il a été conçu sciemment comme moyen d'attaquer les libertés individuelles ; cela constitue un aspect du droit de l'entreprise qui n'est connu que des milieux érudits. Il fallait entre autres s'assurer que la démocratie ne fonctionne pas. Il est vrai qu'il y a une certaine violence d'État, mais celle-ci étant restreinte, du fait particulièrement de l'élargissement du droit de vote et de la participation, on a compris d'emblée qu'il fallait contrôler l'opinion. Cela s'est traduit par la naissance de l'énorme industrie des relations publiques, par l'organisation de campagnes de propagande massives et par des tentatives de faire accepter l'américanisme et l'harmonie ainsi que le capitalisme américain. Les gens sont submergés par cette propagande émanant de l'*Advertising Council*, de la radio, de la télévision et des autres médias. Cela est très délibéré. Carey est la première personne à l'avoir étudié sérieusement, et presque la dernière.

On voit apparaître aujourd'hui une littérature peu abondante sur le sujet, en particulier une excellente étude d'Elizabeth Fones-Wolf intitulée *Selling Free Enterprise* (« Vendre la libre entreprise »), publiée par la *University of Illinois Press* et axée sur la période de l'après-guerre. Fones-Wolf ajoute énormément de données nouvelles sur l'ampleur extraordinaire des efforts de propagande « pour endoctriner les gens avec l'histoire capitaliste » et sur l'état d'esprit de conscience convaincue avec lequel a été menée « la lutte sans fin pour gagner les esprits des hommes ». Ce sujet est d'une importance si cruciale au vingtième siècle qu'il devrait constituer un foyer d'intérêt intensif. Car nous sommes en permanence submergés par cette propagande. Elle explique beaucoup de choses. Les É.-U. sont différents des autres pays à cet égard. Ses milieux d'affaires ont une conscience de classe beaucoup plus aiguë, pour toutes sortes de raisons historiques. Ces milieux ne se sont pas développés à partir de la féodalité et de l'aristocratie. Les facteurs conflictuels qu'il y avait ailleurs étaient donc absents. Ces milieux d'affaires à la conscience de classe très aiguë sont d'un caractère très marxiste, d'un marxisme vulgaire ; ils mènent une guerre des classes acharnée, et cela très consciemment. Lorsque vous lisez des publications internes, la moitié du temps c'est comme lire des pamphlets maoïstes. Ce n'est pas pour se distraire qu'ils dépensent des milliards de dollars par année pour la propagande. Ils le font dans un but précis. Pendant longtemps il s'agissait, afin de les contenir, de s'opposer aux droits de la personne, à la démocratie et à tout le cadre de l'État-providence, en somme au contrat social qui s'est développé au cours des années. Les milieux d'affaires voulaient donc le contenir et le circonscrire. Aujourd'hui ils croient qu'à la faveur du contexte actuel ils peuvent réellement le démanteler. Ils retourneraient carrément aux usines sataniques, en assassinant les pauvres. On reviendrait en gros à la structure sociale du début du dix-neuvième siècle. Voilà la situation dans laquelle nous nous trouvons aujourd'hui. Et ces assauts massifs de propagande en constituent un aspect essentiel.

L'importance fondamentale des travaux de Carey est qu'ils constituent la première tentative, et à ce jour la principale, pour porter certains aspects de ces questions à l'attention du public. Ils ont eu une énorme influence sur mes travaux. Ed Herman et moi-même lui avons dédié notre ouvrage, *Manufacturing Consent.* Il venait de mourir. Cette dédicace n'était pas destinée à n'être qu'un geste symbolique. Carey nous a lancé tous les deux dans une bonne partie des travaux qui ont mené à ce livre.

Vous venez d'évoquer le « démantèlement » (rollback). *C'est également le titre d'une série d'essais que vous venez d'écrire pour le magazine* Z. *C'était à l'origine un terme de la guerre froide.*

C'est là que je l'ai trouvé. La version standard, selon la doctrine Clinton telle que décrite par Anthony Lake, l'intellectuel de l'Administration, c'est que pendant des années on était engagé dans le confinement d'une menace à la démocratie de marché. Maintenant on va pousser les choses plus loin. Il reprend ainsi l'imagerie de la guerre froide. J'estime que cette imagerie est appropriée, sauf qu'il inverse les choses. Pendant des années on a œuvré au *confinement* de la démocratie, de la liberté, des droits de la personne et même des marchés, mais maintenant on sera en mesure de les démanteler. « *Rollback* » (ici, « démantèlement ») est en effet un terme de la guerre froide. Notre politique traditionnelle pendant la guerre froide consistait à osciller entre le confinement et le démantèlement. Le confinement est la politique de Kennan : on empêche la puissance soviétique de se développer. Le démantèlement est en fait la politique américaine officielle depuis 1950. Le document NSC-68, qui exprime l'essentiel de la doctrine de la guerre froide, est une défense du démantèlement. C'est à cette époque que Kennan a été expulsé et que Nitze et d'autres sont arrivés. Le démantèlement signifie saper et détruire la puissance soviétique et entamer des négociations avec « un État ou des États successeurs », comme le dit le NSC. J'estime que ces notions internationales traditionnelles relevant de la guerre froide sont tout à fait appropriées, sauf qu'elles sont employées de manière trompeuse. Il est juste de parler de confinement, mais il ne s'agissait pas du confinement d'une menace soviétique. Il s'agissait du confinement de la menace suscitée par la liberté, la démocratie et les droits de la personne et des autres menaces contre l'autorité.

Aujourd'hui les milieux d'affaires croient qu'ils peuvent aller de l'avant jusqu'au démantèlement et démonter l'ensemble du contrat social qui a été élaboré grâce à des luttes populaires menées à grande échelle pendant un siècle et demi, luttes qui avaient jusqu'à un certain point, et souvent dans une large mesure, émoussé les angles de la tyrannie privée prédatrice. En Allemagne, par exemple, les travailleurs jouissent de conditions passablement raisonnables. Cela doit donc être démantelé, et il faut retourner à l'époque de l'esclavage salarial, comme disaient les travailleurs au dix-neuvième siècle. Pas de droits. Les seuls droits que vous obtenez sont ceux que vous arrachez sur le marché du travail. Si vos enfants ne peuvent gagner assez d'argent pour survivre, ils meurent de faim. Vos choix sont la prison de l'asile des pauvres, le marché du travail — tout ce que vous pouvez y gagner —, ou bien, comme on le disait à l'époque reculée des années 1820, « aller ailleurs ». C'est-à-dire aller aux endroits où les colons blancs massacrent les populations indigènes, ouvrant ainsi la voie à l'exploitation, comme par exemple aux É.-U. et en Australie. Bien sûr, cette option n'existe plus aujourd'hui. Vous n'allez pas ailleurs. Le choix se limite donc aux deux autres options, comme l'ont fait remarquer les fondateurs de l'économie moderne, notamment Ricardo et Malthus : la prison de l'asile des pauvres ou la famine, ou tout ce que vous pouvez gagner sur le marché du travail. Vous n'avez pas de droits sur le marché du travail. Ce n'est qu'un marché. En fait, c'est le fondement de la tradition intellectuelle qu'on appelle aujourd'hui économie classique, du néolibéralisme et ainsi de suite. L'idée, c'est de revenir carrément à cette tradition, mais avec une différence cruciale. Car il y a un petit secret connu de tous, mais qu'on n'est pas censé éventer : il n'y a personne ayant préconisé cela qui en croyait un mot. On a toujours voulu la présence d'un État très puissant qui intervienne massivement, mais il s'agit d'un État-providence pour les riches.

C'est sur cette base que les É.-U. ont été fondés. En fait, les É.-U. ont été les pionniers de ce type de développement. De toutes les sociétés industrielles, c'est celle qui a été la plus hostile au marché. Cela est bien connu. C'est Alexander Hamilton qui a inventé le concept de protection des industries naissantes et le protectionnisme moderne. Les É.-U. ont toujours été un pionnier et un bastion du protectionnisme, c'est pour cela que c'est un pays riche et puissant. Un autre petit secret de l'histoire économique, également bien connu des érudits, c'est que les politiques de libre marché ont été tout à fait désastreuses. Quiconque y a été exposé se faisait écraser, c'est pour cela que le tiers monde a l'allure qu'il a aujourd'hui. Car ces politiques ont été imposées au tiers monde. Chacune des sociétés en développement sans exception a radicalement violé ces principes, et les É.-U. l'ont fait plus que la plupart d'entre elles. Cela est étroitement corrélé à la croissance. Si vous considérez les choses sur le plan historique, vous constaterez qu'en fait le protectionnisme est même corrélé avec le commerce. Plus il y a de protectionnisme, plus il y a de commerce, pour une raison simple : le protectionnisme favorise la croissance et la croissance favorise le commerce. Il en a en général été ainsi pendant une assez longue période. Mais le protectionnisme n'est qu'une forme d'intervention étatique parmi d'autres.

Les pauvres et les travailleurs doivent être soumis à la discipline du marché. Cela est vrai. Mais l'envers des choses, qu'on répète moins souvent, c'est que les personnes riches auront un État-nourrice pour les protéger et les subventionner, un État puissant.

Un des héros du renouveau actuel de l'aile droite — je n'emploierai pas le terme « conservatrice » — est Adam Smith. Vous avez effectué des recherches assez impressionnantes sur Smith qui ont permis d'exhumer, comme le diraient les postmodernes, beaucoup d'informations qu'on ne divulgue pas. Vous avez souvent cité Smith, qui rappelle la « vile maxime des maîtres de l'humanité : tout pour nous-mêmes et rien pour les autres ».

Je n'ai effectué aucune recherche sur Smith. Je l'ai seulement lu. Il n'y a pas de recherches. Lisez-le tout simplement. Il est pré-capitaliste, c'est un personnage des Lumières. Il détestait ce que nous appellerions le capitalisme. Les gens lisent de courts extraits d'Adam Smith, les quelques phrases qu'on enseigne à l'école. Tout le monde lit le premier paragraphe de *La richesse des nations,* où il explique à quel point la division du travail est merveilleuse. Mais peu de gens se rendent à l'endroit, des centaines de pages plus loin, où il dit que la division du travail détruit les êtres humains et les transforme en créatures aussi stupides et ignorantes que possible. C'est pourquoi dans toute société civilisée le gouvernement prendra des mesures pour empêcher la division du travail de se développer excessivement.

Smith a certes apporté un argument en faveur des marchés, mais cet argument stipule que dans des conditions de liberté les marchés mèneront à l'égalité. Comme il l'a dit, dans des conditions de parfaite liberté les marchés mèneront à une parfaite égalité. Voilà l'argument en leur faveur, car il croyait que l'égalité de condition (et non seulement d'opportunité) est l'objectif à viser. Son argumentation se poursuit longuement dans cette veine. Il a fourni une critique dévastatrice de ce que nous appellerions aujourd'hui les politiques Nord-Sud. Il parlait de l'Angleterre et des Indes. Il a condamné amèrement les expériences britanniques menées à l'époque, qui dévastaient les Indes.

Il a également fait des remarques qui devraient être des truismes sur la manière dont fonctionnent les États. Il a signalé qu'il est parfaitement dénué de sens de parler de nations et de ce que nous appellerions aujourd'hui les intérêts nationaux. Il a simplement fait remarquer en passant, tellement c'est évident, qu'en Angleterre, pays dont il discute — c'était la société la plus démocratique de l'époque —, les principaux architectes des politiques sont les « marchands et les industriels ». Ceux-ci veillent à ce que leurs propres intérêts soient, selon ses termes, « l'objet d'une attention toute particulière », quelles que soient les conséquences pour les autres, notamment la population de l'Angleterre qui, soutenait-il, souffrait de ces politiques. Il ne disposait pas alors des données nécessaires pour le prouver, mais il avait probablement raison.

Ce truisme devait s'appeler un siècle plus tard analyse de classe, mais il n'est pas nécessaire de se tourner vers Marx pour le trouver. Cela est très explicite chez Adam Smith. C'est tellement évident que n'importe quel enfant de dix ans peut le voir. Il n'a donc pas insisté là-dessus, il n'a fait que mentionner la chose.

C'est vrai, si vous lisez son ouvrage, vous constatez qu'il est intelligent. C'est un personnage des Lumières. Sa pensée s'appuie sur la supposition que les gens sont guidés par la sympathie et des sentiments de solidarité et par le besoin d'être maîtres de leur propre travail, tout comme chez les autres penseurs des Lumières et du début du Romantisme. Il appartient à la période des Lumières écossaises. La version de lui qu'on présente aujourd'hui est tout simplement caricaturale. Mais je n'ai pas eu besoin de faire des recherches pour découvrir cela. Tout ce qu'il faut faire c'est lire. Si vous n'êtes pas analphabète, vous vous en rendrez compte.

Mais j'ai effectué en effet quelques recherches sur la manière dont Smith est traité, et ça c'est intéressant. Par exemple, l'Université de Chicago, le grand bastion de l'économie du marché libre, etc., a publié une édition pour le bicentenaire du héros, une édition savante dont toutes les notes en bas de page et l'introduction ont été rédigées par un lauréat du prix Nobel, George Stigler, et qui est dotée d'un énorme index, une véritable édition savante. C'est celle-là que j'ai utilisée. C'est la meilleure édition. Les annotations savantes sont très intéressantes, y compris l'introduction de Stigler. Il est probable qu'il n'a jamais ouvert *La richesse des nations.* Presque tout ce qu'il a dit à propos du livre est complètement faux. J'en ai fourni par écrit de nombreux exemples, notamment dans *L'an 501*[1].

Mais l'index est encore plus intéressant sous certains aspects. Adam Smith est très bien connu comme défenseur de la division du travail. Jetez un coup d'œil sur l'article « division du travail » dans l'index et vous verrez beaucoup de choses énumérées. Mais il y en a une qui

1. *L'An 501. La conquête continue,* Éditions Écosociété, Montréal/EPO, Bruxelles, 1995.

manque, c'est sa dénonciation de la division du travail, celle que je viens de citer. Pour une raison ou une autre elle est absente de l'index. On pourrait multiplier les exemples. Je n'appellerais pas cela des recherches, parce que c'est le fruit de dix minutes de travail ; mais si vous regardez les annotations savantes alors les choses sont intéressantes.

Qu'on me comprenne bien. Il existe de bons ouvrages d'érudition sur Smith. Si vous examinez les travaux d'érudition sérieux sur Smith, vous constaterez que rien de ce que je dis ne surprendra quiconque. Comment pourrait-il en être ainsi ? Vous ouvrez le livre, vous le lisez et il vous dévisage. En revanche, si vous considérez le mythe Adam Smith, seule version de lui qu'on nous donne, alors le décalage entre celui-ci et la réalité est énorme.

Cela est vrai du libéralisme classique en général. Les fondateurs du libéralisme classique, des hommes comme Adam Smith, comme Wilhelm von Humboldt, qui est un des grands interprètes du libéralisme classique et qui a inspiré John Stuart Mill, ces hommes étaient ce que nous appellerions des libertaires socialistes, c'est tout au moins comme cela que je les vois. Ainsi Humboldt, comme Smith, donne l'exemple suivant. Considérez un artisan qui construit un bel objet quelconque. Humboldt dit que s'il le fait sous une contrainte extérieure comme le paiement d'un salaire, nous admirerons peut-être ce qu'il fait mais nous mépriserons ce qu'il est. Par contre, s'il le fait de lui-même par expression créatrice libre, de son plein gré, et non sous la contrainte extérieure du travail rémunéré, alors nous admirerons également ce qu'il est parce qu'il est un être humain. Il écrit que tout système socio-économique convenable est fondé sur la prémisse que les gens disposent du libre examen et de la liberté de créer, car là réside la nature fondamentale des humains, cela en libre association avec les autres mais certainement pas sous les types de contraintes extérieures qu'on a appelées par la suite capitalisme.

Vous trouverez la même idée dans les livres de Jefferson. Il a vécu un demi-siècle plus tard, il a donc vu le capitalisme en voie de développement, et il le détestait, bien sûr. Il a dit que le capitalisme allait déboucher sur un type d'absolutisme pire que celui qu'on avait combattu. En fait, si vous parcourez l'ensemble de cette période, vous trouverez une critique acerbe très explicite de ce qu'on devait appeler plus tard le capitalisme et, certainement, de sa version du vingtième siècle, qui en fait est conçue de manière à détruire le capitalisme individuel et même celui d'entreprise.

Il existe par ailleurs un courant marginal qu'on considère rarement mais qui est aussi tout à fait fascinant. C'est la littérature de la classe ouvrière du dix-neuvième siècle. Ses membres n'ont lu ni Adam Smith ni Wilhelm von Humboldt, mais ils disent la même chose qu'eux. Lisez les journaux imprimés par celles qu'on appelle les « filles d'usine de Lowell », ces jeunes femmes qui travaillaient dans les fabriques, par les techniciens et les autres travailleurs qui imprimaient leurs propres journaux. On y trouve le même genre de critique. Il y a eu une véritable bataille menée par les travailleurs en Angleterre et aux É.-U. pour se défendre contre ce qu'ils appelaient la dégradation, l'oppression et la violence du système capitaliste industriel, qui non seulement les déshumanisait mais encore réduisait radicalement jusqu'à leur niveau intellectuel. Ainsi, si vous retournez au milieu du dix-neuvième siècle, vous constaterez que celles qu'on appelait « filles d'usine » lisaient la littérature sérieuse de l'époque. Elles avaient compris que l'objectif du système était de les transformer en outils qui seraient manipulés, dégradés, maltraités et ainsi de suite. Et pendant longtemps elles ont résisté avec acharnement. Voilà l'histoire de la montée du capitalisme.

L'autre aspect de cette histoire est le développement des entreprises, qui constitue en soi un épisode intéressant. Adam Smith n'a pas dit grand-chose à leur sujet, mais il a critiqué leurs premières manifestations. Jefferson a vécu assez longtemps pour en voir les débuts, et il leur était très fortement opposé. Le développement des entreprises a vraiment eu lieu tout à la fin du dix-neuvième siècle et au début du vingtième. Au départ les entreprises existaient sous forme de service public. Des gens s'associaient pour construire un pont et ils étaient incorporés à cette fin par l'État. Ils construisaient le pont et c'était fini. Ces entreprises étaient censées servir l'intérêt public. Pendant une bonne partie des années 1870 les États résiliaient encore des chartes d'entreprise. Celles-ci étaient accordées par les États. Elles ne s'appuyaient pas sur une autre autorité. Elles étaient des fictions. Les États résiliaient les chartes d'entreprise lorsqu'elles ne jouaient plus un rôle public. Mais ensuite, à la fin du dix-neuvième siècle, vous arrivez à la période des trusts, où l'on a commencé à mettre en œuvre diverses initiatives pour consolider leur pouvoir.

Il est intéressant d'examiner la littérature sur ce sujet. Les tribunaux n'ont pas vraiment approuvé ces initiatives. Il y a des indices allant en ce sens. Ce n'est qu'au début du vingtième siècle que tribunaux et avocats ont conçu un nouveau système socio-économique. On n'a jamais procédé par voie législative. Ce sont surtout les tribunaux et les avocats qui sont intervenus, grâce à l'influence qu'ils pouvaient exercer sur les États individuels. Le New Jersey a été le premier État à accorder aux entreprises tous les droits qu'elles réclamaient. Bien sûr, tous les capitaux du pays ont immédiatement commencé à affluer vers le New Jersey, pour des raisons évidentes. Les autres États ont donc dû en faire autant simplement pour se défendre, de peur d'être mis sur la touche. C'était une espèce de mondialisation à petite échelle. Les tribunaux et les avocats d'entreprise sont alors intervenus pour créer tout un nouveau corps doctrinal accordant aux entreprises une autorité et un pouvoir qu'elles n'avaient jamais possédés auparavant.

Si vous considérez l'arrière-plan de cette évolution, vous constaterez que c'est le même arrière-plan qui a débouché sur le fascisme et le bolchevisme. Cette évolution était en bonne partie encouragée par des gens qualifiés de progressistes, car les droits individuels, affirmaient-ils, sont disparus. Nous sommes, disaient-ils, dans une période de transfert du pouvoir aux entreprises, de consolidation du pouvoir et de centralisation. Cela est censé être bien si vous êtes un progressiste comme un marxiste-léniniste. De ce même arrière-plan sont sortis trois courants d'importance déterminante : le fascisme, le bolchevisme et la tyrannie d'entreprise. Ils ont tous poussé à partir des mêmes racines plus ou moins hégéliennes. Cette évolution est relativement récente. Nous considérons les entreprises comme immuables, mais elles ont été conçues. Il s'agit d'un processus conscient qui a débouché sur ce qu'avait déjà constaté Adam Smith : les principaux architectes des politiques consolident le pouvoir de l'État et l'utilisent pour leur propre bénéfice. La volonté populaire n'a certainement pas été prise en compte. Ce sont essentiellement les décisions des tribunaux et des avocats qui sont à l'origine d'une forme de tyrannie privée qui est aujourd'hui plus massive à maints égards que ne l'a même été la tyrannie d'État. Il s'agit là de jalons d'importance capitale dans l'histoire du vingtième siècle. Les libéraux classiques seraient horrifiés. Ils n'avaient même pas imaginé cela. Pourtant ils étaient déjà horrifiés des transformations modestes dont ils ont été témoins. Les développements modernes auraient tout à fait scandalisé Adam Smith ou Jefferson ou toute autre personne de ce genre.

Établissons un lien entre les entreprises, le Timor Oriental et l'Indonésie. Nike est le premier fabricant mondial de chaussures de course et de vêtements sportifs. Son siège social est à Beaverton, en Oregon, juste à l'extérieur de Portland. Il y a un certain nombre d'années Nike avait installé des usines en Corée du Sud. Les travailleurs coréens ont par la suite commencé à se syndiquer et à exiger des *augmentations salariales et une amélioration de leurs conditions de travail. Nike a alors déménagé ses installations en Indonésie, où elle paie ses travailleurs 1.35 $ par jour. Nike fabrique ses chaussures en Indonésie au prix de 5.40 $ et les revend aux É.-U. 60 $, 70 $ ou 80 $.* L'Indonésie est un des pays préférés de l'Ouest depuis 1965, lorsque fut perpétré un énorme massacre. On a tué peut-être un demi-million de personnes et détruit l'unique parti politique populaire qui — là-dessus tout le monde est d'accord, de la droite à la gauche — défendait les intérêts des pauvres. Ce massacre a été accueilli avec une complète euphorie à l'Ouest. J'ai passé en revue une partie de la couverture par la presse. Du fait que l'Indonésie est un pays passablement riche possédant beaucoup de ressources, elle constitue ce qu'on a appelé un « paradis » pour les investisseurs. C'est un État brutal et répressif qui empêche les travailleurs de s'organiser ou d'entreprendre quelque autre initiative, c'est pourquoi les salaires sont très bas. Aujourd'hui les salaires en Indonésie équivalent à la moitié des salaires chinois, qui ne sont pas à proprement parler élevés. Tout le monde s'est rendu à la conférence de la CEAP à Djakarta en 1994 pour célébrer le marché libre [Coopération économique Asie-Pacifique (en anglais : *APEC, Asia-Pacific Economic Cooperation*)]. Dans le cadre du programme d'assainissement des lieux on a jeté tous les chefs syndicaux en prison. Certains d'entre eux vont y purger de longues peines, et certaines de ces peines ont récemment été prolongées. On ne tolère pas les véritables syndicats, mais il y a un syndicat de style stalinien dirigé par le gouvernement. On a tenté de créer des syndicats indépendants, mais ces tentatives ont été brutalement réprimées. Nike est donc satisfaite, parce que la main-d'œuvre — bien que très militante et très courageuse — est brutalement répri-mée par l'État et très opprimée.

L'Indonésie est extrêmement riche. Il y a beaucoup de richesses dans le pays, surtout entre les mains du général Suharto, de sa famille, de ses compères et des investisseurs étrangers. Même l'invasion du Timor Oriental, comme je l'ai mentionné, a dans une large mesure été motivée uniquement par le pillage d'entreprise. Les motifs de l'invasion transparaissent en bonne partie d'une fuite importante de câbles diplomatiques survenue juste avant l'invasion, vers août 1975, câbles australiens dans lesquels on évoque explicitement la complicité des É.-U. Kissinger avait en effet ordonné à l'ambassade à Djakarta de ne plus faire état des événements parce que les É.-U. allaient soutenir l'invasion, ce qu'ils firent. Bien entendu, on niait publiquement connaître quoi que ce soit à ce sujet. L'ambassadeur australien a déclaré, à peu près dans les termes suivants : « Nous pouvons faire une meilleure affaire pour le pétrole du Timor Oriental avec l'Indonésie qu'avec le Portugal, la puissance tutélaire, ou qu'avec un Timor indépendant. » En fait, c'est exactement ce qui se passe aujourd'hui.

Quelques années plus tard l'Australie a reconnu l'occupation — c'est le seul pays occidental qui l'ait reconnue —, dans le contexte de négociations avec l'Indonésie à propos du Traité de la mer de Timor. En

1991 a eu lieu à Dili un massacre important qui a attiré l'attention du public mondial sur l'occupation. Quelques centaines de personnes ont été assassinées par les troupes indonésiennes, qui ont commis l'erreur de le faire devant une caméra cachée et de passer à tabac deux journalistes américains. Vous n'êtes pas censé faire des choses comme cela. Vous devez perpétrer les massacres en secret, quand personne ne regarde. Les Indonésiens ayant commis cette erreur technique, on a pendant un certain temps abondamment couvert l'événement. Mais immédiatement après cela — ici la couverture diminue, car je n'ai pas vu un mot sur le sujet aux É.-U., peut-être en a-t-on parlé dans la presse des milieux d'affaires —, l'Australie et l'Indonésie ont accordé aux principales compagnies pétrolières des permis de forage en territoire timorais. Il faut se rappeler que la raison officielle pour laquelle le Timor Oriental ne peut être indépendant est qu'il ne possède pas de ressources. Ce motif est évoqué par les gens qui pillent ses ressources pétrolières, dont on s'attend à ce qu'elles soient très substantielles. Ainsi, juste après le massacre de Dili, des contrats ont été signés avec les compagnies pétrolières pour qu'elles entreprennent des forages. Si vous suivez le cours des actions vous constaterez qu'il monte ou descend selon les plus récentes découvertes. Vous n'apprendrez rien sur la situation par la lecture.

Comme je l'ai mentionné, il se déroule actuellement un procès devant la Cour internationale de Justice. On ne voit guère de couverture médiatique là-dessus, car on y traite de questions d'ordre plutôt technique.

La Cour internationale n'abordera pas la question de savoir s'il faut permettre à un pays soutenu par l'Ouest d'occuper et de massacrer d'autres pays. Cela ne concerne pas les tribunaux. Mais ils considéreront l'aspect technique des choses. Le *Financial Times* de Londres, journal d'affaires influent, a récemment publié, le 30 janvier, un long article à l'occasion de l'ouverture des séances de la Cour internationale. On estime qu'il s'agit d'un des procès les plus importants de l'histoire, car il va établir les bases juridiques de l'exploitation commerciale ou, plus précisément, du vol des ressources d'un peuple conquis. C'est une question capitale, indépendamment du fait qu'avec l'aide américaine l'Indonésie est parvenue à massacrer peut-être un quart de la population, quelques centaines de milliers de personnes. Et cela continue.

Je voudrais installer les lecteurs dans l'espace de votre bureau un instant. Votre bureau est passablement en ordre maintenant. Habituellement il y a des piles de livres encore plus hautes. Il y a au moins six ou sept piles, des étagères remplies de livres et d'articles et, sur vos classeurs, d'autres imprimés encore. Comment organisez-vous votre travail? Vous venez tout juste de vous absenter pendant deux semaines. Vous revenez et vous êtes enseveli sous cette avalanche de courrier, d'appels téléphoniques et de choses à lire. Comment passez-vous à travers tout cela? Quelles sont vos priorités? Y a-t-il de la méthode dans cette folie?
Tout d'abord, la pièce est remarquablement bien rangée maintenant parce qu'en mon absence on a fait quelque chose de vraiment très vilain. On l'a peinte et nettoyée, ce que je n'aurais jamais permis si j'avais été

ici. La pièce a donc l'air étonnamment propre. Vous avez peut-être remarqué que j'essaie de m'occuper de cela. Mais c'est vrai, la pièce est mieux rangée que d'habitude. Si vous voulez savoir de quoi elle a l'air en général, pensez à notre maison, vous y êtes déjà venu. Vers quatre heures et demie ce matin s'est produit ce que nous croyions être un tremblement de terre, nous avons entendu un bruit très fort. Notre chambre à coucher est située juste à côté du cabinet de travail. Nous y sommes entrés et avons découvert que quelques-unes des grosses piles de livres hautes de six pieds (deux mètres) s'étaient écroulées et étaient éparpillées partout sur le plancher. C'est là que je mets les livres à lire en toute urgence. Parfois, au cours d'une conversation téléphonique extrêmement ennuyeuse, alors que j'essaie de penser à autre chose, je tente de calculer combien de siècles il me faudrait vivre pour pouvoir lire les livres urgents si je lisais vingt-quatre heures par jour et sept jours par semaine à la vitesse de la lecture rapide. C'est pas mal déprimant. Alors, la réponse à votre question, c'est que je suis à des années-lumière de faire ce que je souhaite faire.

Au cours de la seule année écoulée, vous avez écrit des introductions au livre de Paul Farmer sur Haïti (The Uses of Haiti), *au livre de Jennifer Harbury sur le Guatemala* (Bridge of Courage) *et à celui de Frederic Clairmont sur le commerce mondial.*

Et au livre d'Alex Carey, outre ce que j'écris moi-même : plusieurs livres et de nombreux articles, en plus de la linguistique, ce qui est tout autre chose. En revenant d'Australie — c'est un long vol, à peu près dix-sept ou dix-huit heures — durant tout ce vol, donc, j'ai corrigé les épreuves d'un manuscrit très technique sur un tout autre sujet. En plus de cela j'ai écrit quelques articles qui vont paraître dans *Mind* et dans d'autres journaux philosophiques.

Ces longs vols doivent au moins vous laisser du répit, puisque vous n'êtes pas bombardé d'appels téléphoniques ni assailli par des gens comme moi qui frappent à votre porte.

Une chose qui m'a surpris en Australie, et j'espère que cela ne viendra pas ici, c'est qu'ils sont très « high tech » dans certains domaines où nous ne le sommes pas. Ainsi tout le monde a un téléphone portatif. Pendant que nous nous promenions en voiture il y avait des appels téléphoniques dans les deux sens. Une chose qui m'a toujours plu en voiture, comme en avion, c'est qu'on est inaccessible. Mais ce n'est apparemment plus le cas. Voyager par avion, c'est très agréable à cet égard. Vous êtes tout à fait anonyme. Personne ne peut vous déranger.

Deux des choses que j'ai constatées chez vous au cours de nos années de travail ensemble, pendant lesquelles j'ai pu vous observer lorsque vous interagissez avec les gens, c'est votre sens de l'équilibre et votre extrême patience. Vous êtes très patient avec les gens, surtout ceux qui posent les questions les plus ineptes. Est-ce quelque chose que vous avez cultivé ?

Tout d'abord, je fume habituellement de colère à l'intérieur, de sorte que ce que vous voyez à l'extérieur ne correspond pas nécessairement à ce qu'il y a à l'intérieur. Mais en ce qui concerne les questions, la seule chose qui m'irrite, ce sont les intellectuels d'élite ; ce qu'ils disent, je le trouve en effet irritant. Je ne devrais pas réagir ainsi, je devrais m'y attendre. Mais c'est vrai que cela m'irrite. Par contre, les questions que vous qualifiez d'ineptes me paraissent en général parfaitement honnêtes. Les gens n'ont pas de raison de croire autre chose que ce qu'ils disent. Si vous songez aux origines du questionneur, à ce à quoi cette personne a été exposée, ce sont des questions très rationnelles et intelligentes. Elles paraîtront peut-être ineptes d'un autre point de vue, mais elles ne sont pas du tout ineptes dans le cadre où elles ont été soulevées. Elles sont généralement tout à fait raisonnables. Il n'y a donc aucune raison d'être irrité.

Peut-être le contexte d'où surgissent ces questions est-il désolant. Ce qu'il faut faire, c'est tenter d'aider ces personnes à sortir de leur confinement intellectuel, qui n'est pas accidentel, comme je l'ai mentionné. On déploie énormément d'efforts pour rendre les gens, comme le dit Adam Smith, « aussi stupides et ignorants qu'un être humain puisse l'être ». Le système éducatif est conçu en grande partie pour cela. À la réflexion, il est conçu en bonne partie pour susciter l'obéissance et la passivité et pour empêcher les gens, dès l'enfance, d'être indépendants et créateurs. Si vous avez l'esprit indépendant à l'école, vous vous retrouverez probablement en difficulté très tôt. Ce n'est pas le trait de caractère qu'on préfère ou qu'on cultive. Lorsque les gens sont soumis à tout cela, en plus de la propagande d'entreprise, de la télévision, de la presse et de tout le reste, du déluge de distorsion idéologique ambiante, ils posent des questions qui d'un autre point de vue paraissent ineptes mais qui de leur propre point de vue sont tout à fait raisonnables.

Ou bien vous êtes doué de perception extra-sensorielle, ou bien vous avez jeté un coup d'œil sur mes notes, car j'allais vous poser une question à propos de l'éducation. Vous citez volontiers une anecdote d'un de vos anciens collègues au MIT, *Vicky Weisskopf.*
Vicky Weisskopf, qui vient juste de prendre sa retraite, est un physicien très renommé. Une des choses qui sont bien ici, c'est que les membres chevronnés du corps professoral donnent des cours d'introduction. Il donnait ainsi des cours d'introduction en physique. C'est un des physiciens les plus distingués du vingtième siècle, ce n'est pas un personnage mineur. On raconte à propos de Vicky Weisskopf — je ne sais pas si l'histoire est vraie ou non — que lorsque ses étudiants lui demandaient : « Qu'allons-nous couvrir dans ce cours ? », il répondait toujours que la question n'est pas de savoir ce que vous allez couvrir, mais ce que vous allez *dé*couvrir. En d'autres mots, la matière couverte n'a pas d'importance. Ce qui compte, c'est que vous appreniez à penser indépendamment. Vous pourrez alors trouver la matière et les réponses vous-même. Quiconque enseigne la science, tout au moins à un niveau avancé, est parfaitement conscient du fait qu'on ne donne pas

un cours. On est peut-être debout à l'avant d'une salle, mais c'est une entreprise coopérative. L'étude est plutôt une forme d'apprentissage qu'autre chose. C'est un peu comme apprendre à devenir un charpentier habile. Vous travaillez avec quelqu'un qui sait faire. Des fois vous réussissez, des fois pas. Si vous réussissez, alors vous êtes un charpentier habile. Comment la connaissance s'est transmise, personne ne le sait. La science est dans une large mesure comme ça. Il faut simplement que vous parveniez d'une façon ou l'autre à réussir. La manière dont vous y parvenez, c'est en interagissant. La même chose est vraie dans ce cas-ci. Vous assistez à un cours de linguistique et il y a une discussion. Les gens qui s'assoient sur le siège où vous êtes assis sont généralement de prétendus étudiants qui discutent sur des sujets quelconques, qui m'enseignent ce qu'ils ont découvert. C'est ça que voulait dire Weisskopf.

Au cours de la conférence Mellon que vous avez donnée à Chicago en octobre, vous avez surtout souligné les idées de John Dewey et de Bertrand Russell. C'était très différent de vos conférences sur la politique, pour des raisons évidentes. Je ne veux pas dire que vous ne vous engagez pas quand vous faites de l'analyse politique, mais cette fois le ton et le timbre de votre voix étaient vraiment différents. Il y avait chez vous une certaine excitation intellectuelle quand vous parliez de ces idées qui vous tiennent réellement à cœur et qui, d'après ce que vous avez dit, vous ont énormément influencé.

Oui, j'ai subi leur influence. Pas tant en les lisant qu'en les vivant. Après que j'eus atteint l'âge d'environ dix-huit mois mes deux parents ont commencé à travailler ; je suis allé à ce que l'on appelle l'école. Il se trouve que c'était une école expérimentale gérée par l'université Temple selon les principes de Dewey. Ainsi, jusqu'à l'âge d'à peu près douze ans j'ai simplement vécu les idées de Dewey, d'ailleurs plutôt bien mises en application. L'éducation progressiste n'est pas ce que l'on appelle ainsi, mais ce que j'ai vécu y correspond réellement. C'était une période excitante. Plus tard j'ai lu sur les objectifs d'une telle éducation. Mais quand j'avais huit ans je n'ai pas lu là-dessus, je l'ai simplement vécu.

C'étaient des idées très libertaires. Dewey lui-même est issu des courants dominants de la tradition américaine. Les gens qui ont lu ce qu'il a réellement écrit le considéreraient aujourd'hui comme une espèce de lunatique anti-américain farfelu ou quelque chose du genre. Il exprimait la pensée des courants dominants avant que le système idéologique n'eût de manière si grotesque dénaturé la tradition. Aujourd'hui celle-ci est méconnaissable. Ainsi, non seulement était-il d'accord avec l'ensemble de la tradition des Lumières, c'est-à-dire, comme il l'affirmait, que « le but de la production est de produire des gens libres » (« des *hommes* libres », disait-il, mais c'était il y a soixante ans) et non des marchandises, mais encore était-il un important théoricien de la démocratie. Il y avait de nombreuses lignes de pensée distinctes et contradictoires dans la théorie démocratique, mais celle dont je parle professe que la démocratie nécessite la dissolution du pouvoir privé. Il a dit que tant et aussi longtemps qu'il y aura un contrôle privé sur le système économique, toute discussion sur la démocratie ne sera qu'une blague. Reprenant essentiellement ce qu'avait dit Adam Smith, Dewey affirmait que la politique est l'ombre que les grandes entreprises projettent sur la société. Selon lui, atténuer l'ombre ne changera pas grand-chose. Des réformes n'altéreront pas la nature tyrannique du système. C'est fondamentalement un point de vue libéral classique. Son argument essentiel, c'est qu'on ne peut même pas parler de démocratie sans le contrôle démocratique de l'industrie, du commerce, des banques et de tout le reste, c'est-à-dire le contrôle par les gens qui travaillent dans les institutions et par la collectivité.

Il s'agit là d'idées libertaires, socialistes ou anarchistes classiques remontant directement aux Lumières ; ce sont des ramifications d'idées issues du libéralisme classique du genre de celles dont nous avons déjà discuté. Dewey a défendu ces idées pendant la période moderne, tout comme l'a fait Bertrand Russell à partir d'une tradition différente mais plongeant également ses racines dans les Lumières. Ce sont deux des plus importants penseurs du vingtième siècle, sinon les deux plus importants, dont les idées sont à peu près aussi bien connues que celles du véritable Adam Smith. Ce qui indique à quel point le système éducatif et le système de propagande ont été efficaces pour anéantir jusqu'à notre conscience de notre patrimoine intellectuel immédiat.

Au cours de cette même conférence Mellon vous avez paraphrasé Russell à propos de l'éducation. Vous avez rappelé qu'il soutenait l'idée qu'il ne faut pas s'imaginer qu'éduquer, c'est comme remplir un récipient d'eau ; c'est plutôt aider une fleur à pousser à sa manière propre. C'est poétique. C'est une idée du dix-huitième siècle. Je ne sais pas si Russell en connaissait l'origine ou s'il l'a réinventée, mais vous lisez cela couramment dans la littérature du début des Lumières. C'est l'image qu'on utilisait. C'est essentiellement ce que Weisskopf disait aussi. Pour Humboldt, le fondateur du libéralisme classique, l'éducation consiste à tendre une corde le long de laquelle l'enfant se développera, mais à sa manière. Vous pouvez le guider un peu. C'est ce que ferait une éducation sérieuse, de la maternelle jusqu'aux études avancées. C'est ce qu'on fait certes dans les études scientifiques avancées, parce qu'il n'y a pas d'autre moyen de procéder. C'est pour ça qu'on agit ainsi. Mais dans l'ensemble le système éducatif est tout à fait différent. L'éducation de masse a été conçue pour transformer des cultivateurs indépendants en outils de production dociles et passifs. C'est là sa fonction première.

Ne croyez pas que les gens ne le savaient pas. Ils le savaient et ils ont résisté. Il y a eu beaucoup de résistances à l'éducation de masse, précisément pour cette raison. Les élites aussi comprenaient la situation. Emerson a déclaré une fois quelque chose sur la manière dont « nous les éduquons pour les empêcher de nous sauter à la gorge ». Si l'on ne les forme pas avec ce qu'on appelle une « éducation », ils vont prendre le contrôle — « ils », c'est ce qu'Alexander Hamilton appelait la « grosse bête », c'est-à-dire le peuple. La poussée des opinions antidémocratiques dans ce qu'on appelle les sociétés démocratiques est vraiment féroce, et cela pour de bonnes raisons. Car plus la société devient libre, plus la grosse bête devient dangereuse et plus il faut veiller à la mettre d'une manière ou d'autre en cage.

Il y a certes des exceptions, et Dewey et Russell comptent parmi ces exceptions. Mais ils sont tout à fait marginalisés et méconnus, bien que tout le monde fasse leur éloge, comme on le fait avec Adam Smith, parce que ce qu'ils ont dit serait considéré intolérable dans le climat autocratique de l'opinion dominante. L'élément totalitaire dans ce climat est très frappant. Le seul fait que le concept d'« antiaméricanisme » puisse exister — oubliez la manière dont il est utilisé — témoigne d'une dimension totalitaire plutôt dramatique. Ce concept d'antiaméricanisme n'a qu'un seul véritable analogue dans le monde moderne, l'antisoviétisme. En Union soviétique, le plus grand crime était d'être antisoviétique. C'est l'empreinte d'une société totalitaire que d'avoir des concepts comme l'antisoviétisme ou l'antiaméricanisme. Ici c'est considéré tout à fait naturel. Les livres sur l'antiaméricanisme écrits par des gens qui sont essentiellement des clones staliniens sont très respectés. Cela est vrai des sociétés angloaméricaines, qui sont de manière frappante les sociétés les plus démocratiques. Je crois qu'il y a une corrélation ici. C'est l'argument essentiel d'Alex Carey. À mesure que grandit la liberté, grandit aussi la nécessité de contraindre et de contrôler l'opinion si l'on veut empêcher la grosse bête de faire quelque chose avec sa liberté.

Ces qualités que, je crois, vous recherchez dans vos étudiants et que vous cherchez à faire naître en eux, c'est-à-dire l'aptitude à la recherche, au scepticisme, le goût de vous défier, peut-être de vous dire simplement : « Vous êtes un type sympathique, mais vous ne savez pas de quoi vous parlez », comment les encouragez-vous ? Vous entrez avec une certaine quantité de bagages dans la salle de classe. Les gens disent : « Voici Noam Chomsky, le père de la linguistique moderne », et tout le reste. Constatez-vous que les étudiants sont intimidés par votre présence ou qu'ils hésitent à s'exprimer ?

Non, pour la plupart d'entre eux. La majorité sont plutôt indépendants d'esprit. Ils s'imprègnent rapidement de l'atmosphère ambiante. Promenez-vous par ici et vous verrez. Il y a une atmosphère très informelle d'échanges et de coopération. Il s'agit d'idéaux, bien sûr. On n'est peut-être pas à leur hauteur, mais c'est certainement ce à quoi tout le monde aspire. Il y a des étudiants qui trouvent plus difficile de s'adapter, surtout ceux d'origine asiatique. Ils ont été exposés à une tradition beaucoup plus autoritaire. Certains d'entre eux s'en affranchissent très rapidement, d'autres pas. Mais en général les gens qui parviennent aux programmes d'études supérieures d'élite appartiennent à cette toute petite minorité dont la créativité et l'indépendance n'ont pas été assassinées.

Cela n'est pas vrai à cent pour cent. Il y a un certain nombre d'années deux économistes, Sam Bowles et

Herb Gintis, ont écrit des choses intéressantes sur le sujet dans le cadre de leurs travaux sur le système éducatif américain. Ils ont fait remarquer que ce système est fragmenté. La composante destinée aux travailleurs et à la population en général est en effet conçue pour imposer l'obéissance. Mais le système éducatif pour les élites ne peut pas fonctionner tout à fait de cette manière. Il doit permettre la créativité et l'indépendance, sinon ces élites ne seraient pas capables de faire leur travail, qui consiste à gagner de l'argent. Vous trouvez la même chose dans la presse. C'est pour cela que je lis le *Wall Street Journal*, le *Financial Times* et *Business Week*. Ils sont tout simplement obligés de dire la vérité. On retrouve cette contradiction dans la presse grand public aussi. Prenez, mettons, le *New York Times* ou le *Washington Post*. Ils ont deux fonctions, qui sont contradictoires. La première fonction consiste à subjuguer la grosse bête. Mais la seconde consiste à permettre au lectorat, qui est un lectorat d'élite, de se faire une image assez réaliste de ce qui se passe dans le monde, sinon il ne sera pas capable de satisfaire ses propres besoins. C'est une contradiction qui caractérise également l'ensemble du système éducatif. Elle est tout à fait indépendante d'un autre facteur, à savoir tout simplement l'intégrité professionnelle, dont font preuve beaucoup de personnes, c'est-à-dire l'honnêteté, quelles que soient les contraintes extérieures. Cela se traduit par une certaine complexité. Si vous examinez dans le détail le fonctionnement des journaux, vous constaterez que ces contradictions et problèmes se résolvent de manière complexe.

Constatez-vous, lorsque vous discutez en face à face avec vos étudiants dans votre bureau, qu'ils sont plus ouverts et qu'ils communiquent plus facilement avec vous qu'en classe ?
Mes classes ont une drôle de propriété. Elles sont devenues une espèce d'institution. Il y a le séminaire du jeudi après-midi. Les participants viennent d'un peu partout, comme nous l'avons déjà mentionné. Il y a notamment des membres du corps professoral issus de domaines et d'endroits variés ainsi que des étudiants plus avancés qui ont déjà suivi le cours officiellement. Les vrais étudiants constituent une petite minorité et tendent parfois à être plutôt intimidés. Les discussions ont surtout lieu parmi le corps professoral. Ce que je fais depuis des années, c'est diviser la classe en deux parties ; il y a deux heures et demie d'échanges de vues libres avec tout le monde, après quoi tout le monde est évincé sauf les vrais étudiants. Viennent ensuite uniquement des séances de discussions, que les vrais étudiants animent. Je n'ai pas d'ordre du jour pour eux, nous parlons donc de tout ce qu'ils veulent discuter. Il s'est avéré que c'est une façon pratique d'organiser les cours permettant de régler ce problème particulier qui s'est posé.

Outre que votre bureau est relativement propre et bien rangé, la section photographie sur votre mur s'est enrichie.
Sur la plus récente des photos on aperçoit mes trois petits-enfants assis dans une baignoire. J'essaie de montrer l'autre côté de la vie, quelque chose qui soit beau à voir.

Il y a un rapport entre cette question et ce que je veux vous demander. On parle beaucoup aujourd'hui des valeurs familiales et des enfants. Vous avez cité une étude réalisée pour l'UNICEF par l'économiste Sylvia Ann Hewlett et intitulée Child Neglect in Rich Societies (« L'abandon des enfants dans les sociétés riches »). *De quoi traite-t-elle ?*

Elle compte parmi plusieurs études intéressantes, mais c'est la meilleure. Elle est sortie en 1993. On n'en a fait état nulle part, à ma connaissance. L'UNICEF étudie généralement les pays pauvres, mais cette étude porte sur les pays riches et sur la manière dont ils s'occupent de leurs enfants. C'est une bonne économiste américaine bien connue. Elle a constaté qu'il existe, en particulier depuis les quinze dernières années, deux modèles différents. Il y a un modèle anglo-américain et un modèle euro-japonais. Ils sont radicalement différents. Le modèle anglo-américain est essentiellement une guerre contre les enfants et la famille. Le modèle euro-japonais soutient la famille et les enfants. Et cela se voit. Les statistiques le démontrent très clairement, de même que l'expérience. En Europe et au Japon les valeurs familiales ont été maintenues. On a soutenu la famille, les enfants n'ont pas faim et les parents restent avec les enfants. Il se crée des liens dès la première enfance parce qu'on alloue volontairement du temps au mari et à la femme pour qu'ils puissent le consacrer à leurs enfants. Il y a des garderies. Il existe tout un système de soutien. Par contre, les É.-U. et l'Angleterre sont fondamentalement en guerre contre les enfants et les familles et les ont détruits à dessein.

La politique sociale délibérée et consciente a été d'attaquer et de détruire les valeurs familiales et les enfants. Il y a donc des taux extrêmement élevés de pauvreté et de sous-alimentation parmi les enfants et beaucoup de violence perpétrée contre les enfants. Parents et enfants ont très peu de contacts dans le système anglo-américain. Le temps de fréquentation a diminué d'environ quarante pour cent depuis une génération, en bonne partie parce que les deux parents doivent travailler 50-60 heures par semaine pour survivre, pour garder les enfants en vie ; d'où les « enfants à la clé », la « surveillance télé », la violence entre enfants et contre les enfants, etc. Ce qu'il y a d'étonnant avec les É.-U., et cela constitue un élément intrigant de notre culture intellectuelle, c'est que les gens qui mènent cette guerre peuvent dire qu'ils défendent les valeurs familiales sans être tournés en dérision. Il faut pour cela un climat intellectuel vraiment discipliné. Le fait que personne ne discute le sujet en public — il s'agit ici de recherches sérieuses, non de cette sorte de déchets qu'on qualifie de recherches — cela aussi est révélateur.

Le surveillant de votre bureau me signale de mettre un terme à cet entretien. Vous avez donné en exemple certaines cartes de marque Hallmark *qui reflètent ces tendances que vous avez décrites. Où les avez-vous obtenues ?*

Je n'en ai pas. On en a fait état dans cette même étude de Sylvia Ann Hewlett pour l'UNICEF, qui traite de la dissolution de la famille consécutive à la politique sociale délibérée du système anglo-américain. L'auteur en fournit comme illustration cette série de cartes *Hallmark.* Sur une de ces cartes, qui est destinée à être placée sous le bol de céréales matinal de l'enfant, il est écrit: « Bonne journée », parce que les parents sont sortis quelque part. Sur une autre, qu'on est censé placer sous l'oreiller la nuit, il est écrit: « J'aimerais être là ». Elle fournit ces exemples pour illustrer ce que démontrent également les statistiques brutes.

Ce n'est au demeurant pas la seule étude de ce genre. Il y a au Canada un best-seller écrit par une femme qui est une amie personnelle à moi, Linda McQuaig. Elle était journaliste et est devenue écrivaine pigiste. C'est une très bonne critique sociale. Elle a écrit un livre [*The Wealthy Banker's Wife* (*« La femme du riche banquier »*)] sur le modèle canadien. Ce livre est donc axé sur le Canada. Elle signale avec raison que le Canada est en quelque sorte en équilibre entre le modèle anglo-américain et le modèle européen, mais qu'il évolue vers le modèle anglo-américain. Elle décrit de manière passablement détaillée les conséquences sur la famille et les enfants dans un pays qui était doté d'un contrat social relativement civilisé. Celui-ci s'effrite sous la pression du système anglo-américain, dont le Canada fait partie. Cet ouvrage a été un best-seller au Canada, mais vous ne le trouverez pas par ici. Mon livre, *Necessary Illusions,* a également été un best-seller au Canada. On n'en a même pas fait le compte-rendu ici. Il existe d'autres études sur le sujet. Or la réalité est tout à fait dramatique.

Je remarque que vous avez en main un article de journal.

J'ai en main le Denver Post *d'hier. Bien sûr, la manchette obligatoire sur le Superbowl domine la première page. Mais il y a un article sur une nouvelle étude qui signale qu'il y a six millions d'enfants pauvres aux É.-U. et que ce chiffre augmente.*

Le niveau de pauvreté parmi les enfants aux É.-U. crève le plafond, comme celui de la pauvreté en général. Aux É.-U. la répartition des richesses est plus inégale que dans tout autre pays industrialisé, et cette inégalité s'est radicalement accrue ces dernières années. La pauvreté parmi les enfants est tout simplement terrifiante. Dans la ville de New York environ quarante pour cent des enfants vivent sous le seuil de la pauvreté. New York a un niveau d'inégalité égal à celui du Guatemala, qui figure au dernier rang des pays sur lesquels on a des données. Les gens savent ce que cela veut dire. La pauvreté infantile est extrêmement répandue. Le niveau de sous-alimentation est incroyablement élevé et va en s'aggravant. Cela est vrai aussi de la mortalité infantile.

Un tel état de fait est unique dans le monde industriel. Il traduit une politique sociale. Prenez par exemple les congés familiaux. La plupart des pays civilisés les valorisent. Ils veulent que les parents s'occupent de leurs jeunes enfants. C'est à cet âge que se forment les liens, et c'est dans une large mesure pendant les premiers mois qu'a lieu le développement de l'enfant, même le développement neuronal. Cela est bien connu. C'est pourquoi on essaie dans les pays civilisés de favoriser ces liens. Les É.-U. n'ont même pas sous ce rapport le niveau des travailleurs dans les plantations en Ouganda. C'est un des aspects de la guerre menée contre les enfants et la famille et, en général, contre les pauvres au nom des « valeurs familiales ». L'idée, c'est que seuls les riches doivent bénéficier du soutien de l'État. Ils doivent être subventionnés au moyen de paiements de transfert massifs, comme le sont Newt Gingrich et ses électeurs. Mais il faut que les pauvres soient écrasés. Les pauvres, ça veut dire la majorité de la population.

D'ailleurs, il n'y a pas que les enfants qui souffrent de la pauvreté ; chose étonnante, les personnes âgées aussi en souffrent. On a publié récemment un long article dans le *Wall Street Journal* sur la manière dont la famine est en train de « surgir » parmi les personnes âgées, si bien que peut-être quinze ou seize pour cent des personnes âgées de plus de soixante ans sont touchées. Il s'agit encore une fois d'un phénomène inconnu dans les sociétés industrielles, voire dans les sociétés pauvres, où l'on a recours à des structures d'entraide, aux familles étendues ou à d'autres formes de soutien. Mais nous, nous sommes exceptionnels. La société civile a été détruite dans ses fondements. La structure familiale a été dévastée. Il y a un État-nourrice puissant, mais c'est un État-providence pour les riches. C'est un système atypique. Cela tient à ce qu'il existe une classe d'entrepreneurs avec une très forte conscience de classe et qu'il n'existe pas grand-chose en fait d'opposition organisée.

Je crains que je ne sois sur le point d'être rondement évincé d'ici. Rendez-vous dans quelques jours.

Le 3 février 1995

Je tiens à souligner à nos auditeurs à quel point nous sommes compétents et capables. L'autre jour nous avons démarré tout à fait à la manière de Marx, et il ne s'agit pas de Karl. J'ai oublié de brancher le magnétophone. Ensuite, après que je l'eus fait, le téléphone a sonné et vous avez répandu toute votre tasse de café sur le plancher. Ce fut une belle séquence.

Cette fois je vais éviter cela en coupant la ligne téléphonique.

Question de mettre à jour la situation des piles de documents, je constate qu'elles ont été quelque peu déplacées. La pile de gauche a considérablement grandi.

Il y a une tasse thermos Barsamian au sommet d'une des piles, ce qui n'est pas pour arranger les choses.

Les piles sur les classeurs derrière vous ont aussi beaucoup grandi, et cela en quelques jours seulement. Mais poursuivons à propos de l'Australie et de ce que vous y avez observé. Nous avons certes discuté au sujet du Timor Oriental, mais pour ce qui est de l'économie australienne, celle-ci est-elle aussi sous l'influence du paradigme néolibéral ?

L'Australie est à mon avis le seul pays de l'histoire qui ait décidé de se transformer de pays riche du premier monde en pays appauvri du tiers monde. Et pour son malheur elle œuvre activement en ce sens aujourd'hui. Le pays est sous la coupe d'une idéologie fanatique appelée « rationalisme économique », version gonflée de la théologie de l'économie de marché qu'on enseigne dans les départements d'économie mais à laquelle personne dans le monde des affaires ne croit une seconde. C'est l'idéologie qu'on a imposée au tiers monde, ce qui explique en partie pourquoi il est en si piteux état. Mais les pays riches n'ont jamais accepté d'appliquer cette idéologie à eux-mêmes ; ils ont toujours exigé avec insistance l'intervention massive de l'État et le protectionnisme, les É.-U. montrant habituellement le chemin depuis 1800. On en voit les effets. Lorsqu'on remonte au dix-huitième siècle on constate que le premier monde et le tiers monde ne différaient pas tant que ça l'un de l'autre. Aujourd'hui il en va plutôt autrement, en partie en raison des facteurs que nous venons d'évoquer.

L'Australie, qui est dans l'orbite anglo-américaine et n'est pas une puissance de premier rang, est manifestement en termes géopolitiques un petit pays. Aussi a-t-elle pris cette idéologie au sérieux. Comme les Australiens le disent eux-mêmes, ils sont en train de « libéraliser » leur économie, ce qui signifie qu'ils sont en train de l'ouvrir à la pénétration et au contrôle étrangers et aux principales sources de capitaux de la région. L'Est et le Sud-Est asiatiques sont une des régions du monde à forte croissance. En fait, à une exception près, c'est une région à croissance fulgurante. Le seul canard boiteux de la région, ce sont les Philippines. Elles bénéficient de notre tutelle depuis un siècle, mais on n'est pas censé le remarquer. Cela mis à part, la région est en pleine période de boum économique, de manière plutôt déplorable certes, mais néanmoins en pleine croissance.

La source de cette croissance, ce sont surtout les capitaux japonais et chinois d'outre-mer, deux grandes concentrations impériales, bien que celle des Chinois d'outre-mer soit dispersée puisqu'elle est sans base territoriale. Ce que ces pays veulent faire est pas mal évident. Ils veulent transformer l'Australie en leurs Caraïbes. Ils posséderont ainsi les fronts de plage et les beaux hôtels, alors que les Australiens serviront les repas ; ces pays pourront en outre extraire d'abondantes ressources.

L'Australie est encore un pays riche. En fait, à l'époque de la Première Guerre mondiale, c'était le pays le plus riche du monde ; il offre donc de nombreux avantages. L'Australie ne ressemblera pas à court terme à la Jamaïque ; mais elle avance dans cette direction. Étant donné que les Australiens ont supprimé les barrières douanières sous l'influence de ce fanatisme néolibéral, le déficit manufacturier, c'est-à-dire le rapport des importations aux exportations manufacturières, s'est accru considérablement. Cela signifie qu'on importe des produits manufacturés et qu'on exporte des ressources et des services, surtout du tourisme. C'est dans cette direction qu'évoluent les choses.

Tout cela a été soigneusement conçu, avec beaucoup de complaisance. Car les économistes qui ont étudié à l'Université de Chicago et ailleurs croient probablement aux notions qu'on leur a enseignées. Mais les dirigeants du milieu des affaires n'ont jamais été disposés à les tolérer une seconde. Elles relèvent cependant du fanatisme idéologique qui constitue un des procédés utilisés pour taper sur la tête des pauvres et parfois sur celle des riches qui acceptent de s'y soumettre et d'en subir les conséquences. La même chose s'est produite en Nouvelle-Zélande.

Quel fut le rôle de l'Australie au cours de l'attaque des É.-U. contre l'Indochine?
Des documents australiens remontant jusqu'au début des années 1960 ont été divulgués, et nous savons maintenant que le gouvernement Menzies, le gouvernement australien au début des années 1960, craignait beaucoup l'Indonésie. C'était son principal souci. Cette inquiétude ne s'est pas encore dissipée. Car les Australiens vivent en bordure de l'Asie. Ils se considèrent comme un avant-poste blanc au bord de l'Asie. Il y a toujours la peur du péril jaune, c'est très raciste. Je devrais préciser qu'on est en train de dépasser cela, mais à l'époque les Australiens étaient très racistes. Ils ont senti qu'ils devaient changer d'attitude.

C'est la flotte britannique qui protégeait autrefois les Australiens. Mais leurs illusions à ce sujet se sont dissipées pendant la Seconde Guerre mondiale, lorsque les Japonais ont très rapidement coulé la flotte anglaise. Les Australiens se sont rendu compte que leur protection viendrait des États-Unis et qu'ils avaient donc intérêt à devenir un client docile des É.-U. Lorsque les Américains ont pénétré en Indochine, ils se sont joints à eux. Ils n'ont pas fourni une aide colossale, car l'Australie n'est pas une grande puissance, mais ils ont envoyé des troupes; ils ont donc beaucoup torturé et ont commis de nombreuses atrocités et ainsi de suite. Cela pour deux raisons. La première, c'est que les Australiens ne faisaient que rendre service à la grande puissance, les gros, qui sont censés les protéger. La seconde, c'est qu'ils partageaient l'analyse géopolitique américaine qui, très simplement, prévoyait la possibilité d'un effet d'entraînement en cas de développement indépendant fructueux en Indochine.

À l'époque la Chine suscitait la même inquiétude, et l'on craignait que son influence ne se propage. Elle aurait pu, comme on se plaisait à le dire, « infecter la région ». Il aurait pu y avoir une infection qui se serait propagée dans toute la région. La manière de se débarrasser d'une infection, c'est de détruire le virus et d'immuniser ceux qui sont susceptibles d'être touchés. C'est ce qu'on a fait, et les Australiens ont aidé les É.-U. à détruire le virus.

Dès le début des années 1970 les É.-U. avaient pour l'essentiel gagné la guerre du Viêt-nam, comme cela apparaissait clairement aux milieux d'affaires. Jusqu'ici personne d'autre ne semble capable de le comprendre. On a tout simplement favorisé la mise en place dans la région de régimes meurtriers extrêmement brutaux. Le plus important est celui de l'Indonésie, où s'est produit un événement capital en 1965. La CIA a fait remarquer dans un rapport, qui depuis lors a été rendu public, que le massacre qui a été perpétré alors rivalise avec ceux des nazis et de Staline. On en était fier, naturellement, et on a dit que c'était un des événements les plus importants du siècle. Et c'est vrai.

L'Indonésie était la région riche dont on craignait qu'elle ne fût infectée par la propagation du nationalisme indépendant. Lorsque les généraux ont pris le pouvoir au milieu des années 1960, le général Suharto, à la faveur de ce que le *Times* a appelé avec admiration un « stupéfiant massacre en masse », a détruit le seul parti politique du pays, le PKI, le parti des pauvres. Tout le monde est d'accord là-dessus.

Les documents américains relatifs aux années 1950 ont également été rendus publics, bien que les Américains soient restés très réservés à leur sujet. Ils ont été très sélectifs dans le choix de ce qu'ils ont rendu public. C'est plutôt inusité, et les chercheurs s'en sont aperçu. Mais il y a là assez de matériaux pour savoir que ce qu'on craignait, c'est que le PKI, le seul parti politique, ne gagne une élection si jamais il y en avait une. Il fallait donc détruire la démocratie.

À la fin des années 1950, les États-Unis ont mené une énorme opération de subversion dans le but de détacher, par soulèvement militaire, les îles externes, riches en ressources. Cela n'a pas fonctionné. L'unique solution de rechange, c'était ce que la presse américaine a appelé ce « bouillonnant bain de sang », perpétré à la grande satisfaction des États-Unis. Il y a eu euphorie généralisée, y compris en Australie. Des événements très semblables se sont produits, notamment en Thaïlande et aux Philippines, de sorte que la région a été inoculée et le virus détruit. L'Australie y a participé. Elle a depuis lors été incorporée dans ce que l'on appelle aux É.-U. le « système de défense », le système militaire.

Voilà donc les rapports des Australiens avec les É.-U. Mais ils ont une relation différente avec l'Asie. C'est la relation de subordination croissante et très visible aux capitaux japonais et chinois d'outremer. Ainsi, parmi les trois plus gros exportateurs, deux sont des multinationales japonaises, ce qui est conforme au développement du modèle standard dans le tiers monde.

Darwin, dans son ouvrage intitulé Voyage of Beagle, *publié en 1839, a écrit que «partout où l'Européen a mis le pied, la mort semble poursuivre l'aborigène». Comment les aborigènes, la population indigène de l'Australie, se sont-ils tirés d'affaire? Vous êtes-vous mis en rapport avec eux pendant votre séjour?*
Oui, dans une certaine mesure. En Tasmanie on les a tout bonnement exterminés. Sur le continent ils ont été repoussés vers l'intérieur, c'est-à-dire dans le désert. Aux É.-U. ce processus s'est poursuivi pendant plusieurs siècles, mais en Australie cela a pris seulement deux cents ans. C'est un pays jeune comparé au nôtre — les Australiens commencent à reconnaître les droits des aborigènes, la question des droits liés à la terre, etc. Il y existe maintenant un mouvement aborigène indépendant.

Jusqu'ici le racisme a été d'une extrême virulence, peut-être pire qu'au cours de l'histoire américaine.Mais les choses changent, et aujourd'hui il existe des groupes de défense des droits des aborigènes. J'ai pu rencontrer certains d'entre eux. J'ai été invité par les Timorais, qui sont en rapport avec les aborigènes. On a jusqu'à un certain point reconnu juridiquement les droits des aborigènes liés à la terre et, de manière restreinte, leurs droits liés aux ressources. Mais, comme d'habitude, la situation évoluera dans la mesure où les forces populaires feront pression dans ce sens.

Depuis une décennie la teneur de vos interventions orales et de vos écrits a sensiblement évolué. Vous insistez beaucoup plus aujourd'hui sur les questions d'ordre commercial et économique. Quand cette évolution s'est-elle produite ? Qu'est-ce qui l'a motivée ?
Elle a commencé au début des années 1970, lorsque les problèmes ont changé de nature. Certains événements importants sont survenus à cette époque, des événements lourds de conséquences. L'un d'entre eux est l'effondrement du système de Bretton Woods, dont nous avons déjà parlé. Il a déclenché de très profonds changements qui ont donné une forte impulsion à la croissance des sociétés multinationales. Celles-ci jouent aujourd'hui un rôle déterminant dans l'économie mondiale. Ce sont des tyrannies privées tout simplement incroyables, qui font paraître bénins en comparaison les États totalitaires.

L'autre changement d'importance fondamentale est la croissance extraordinaire du capital financier. En premier lieu, il s'est développé de manière explosive. Les montants en jeu sont absolument astronomiques. Chaque jour il y a presque un trillion de dollars qui se déplacent uniquement pour des transactions. En second lieu, la nature du capital mobilisé par les échanges internationaux s'est radicalement transformée. Ainsi en 1970, avant la destruction du système de Bretton Woods, qui prévoyait des échanges réglementés, environ quatre-vingt-dix pour cent des capitaux mobilisés par les échanges internationaux étaient liés à l'économie réelle, c'est-à-dire aux investissements et au commerce ; dix pour cent étaient de nature spéculative. En 1990 les chiffres étaient inversés. En 1994, dernière année pour laquelle j'ai vu les statistiques, quatre-vingt-quinze pour cent étaient de nature spéculative, et ce pourcentage a probablement augmenté depuis.

Cela a des conséquences extraordinaires. Elles ont été décrites par l'économiste américain James Tobin, lauréat du prix Nobel, au cours de son message annuel en qualité de président de l'*American Economics Association* en 1978, au début donc de ce bouleversement. Il a signalé que cet accroissement du capital financier servant à spéculer contre les monnaies allait entraîner le monde dans une économie à très faible croissance, à bas salaires et, bien qu'il ne l'ait pas mentionné pour des raisons évidentes, à profits élevés. Ce que le capital financier veut, c'est essentiellement de l'argent stable. Il ne veut pas de croissance. C'est pour cette raison qu'on lit dans les journaux des manchettes comme « La *Federal Reserve* craint la croissance et craint l'emploi », cela signifie qu'il faut réduire le taux de croissance et le niveau d'emploi. Il faut s'assurer que Goldman Sachs gagne assez d'argent avec ses obligations.

Tobin a suggéré à l'époque l'imposition d'une taxe sur les capitaux spéculatifs, simplement pour réduire le flux des échanges de capitaux. Naturellement, on n'en fit rien. Cette proposition sera bientôt soulevée aux Nations Unies. Elle sera écrasée ; mais on en discute encore, pour tenter simplement de faire pencher la balance du côté des investissements productifs au détriment des échanges spéculatifs et destructeurs.

Tout cela a du reste exercé énormément d'influence sur le marché de l'information. Les grands services de dépêches comme Reuters et AP, qui sont en liaison avec le Dow Jones et Knight-Ridder, donnent certes des nouvelles, mais cela n'est qu'une fonction secondaire. Ce qu'ils font de plus important, c'est interagir instantanément avec les marchés financiers. Ainsi, si Clinton fait un discours, les journalistes d'AP, de Reuters et de Knight-Ridder seront là, bien sûr. S'il laisse entendre par exemple qu'on va peut-être stimuler l'économie, ils filent à toute vitesse, téléphone mobile en main, pour appeler l'ordinateur central et répéter que Clinton a dit ceci ou cela. Le préposé à l'ordinateur, qui est allumé jour et nuit, communique alors à des milliers de terminaux partout dans le monde que Clinton a dit ceci ou cela, et 700 millions de dollars peut-être se déplaceront dans les marchés financiers. Les trois services de dépêches se font la concurrence pour être le premier à donner la nouvelle. Un journaliste qui travaille pour Reuters m'a raconté que chaque jour lui et ses collègues reçoivent un compte-rendu de leur performance comparée à celle d'AP et de Knight-Ridder, et que ça se joue en micro-secondes. Vous devez arriver au but une demi-seconde avant les autres parce que d'énormes quantités d'argent sont en jeu. Tout cela est destructeur pour l'économie. Cela favorise une faible croissance, de bas salaires et des profits élevés. C'est essentiellement ça l'activité des services de dépêches aujourd'hui. Oui, il y a des nouvelles qui viennent d'ailleurs, mais elles sont difficiles à trouver.

La révolution des communications, qui a accéléré ces développements, constitue d'ailleurs une autre contribution de l'État à l'économie internationale qui ne s'est pas développée au moyen de capitaux privés mais grâce aux sommes versées par le public pour se détruire lui-même, car voilà à quoi cela revient. Les choses se passent ainsi depuis le début des années 1970. Mais elles ont vraiment pris de l'ampleur au cours des années 1980, surtout dans les sociétés anglo-américaines, sous les reaganiens et Thatcher, en débordant sur l'Australie, la Nouvelle-Zélande et le Canada (ces pays font partie de la même aire culturelle). On aboutit ainsi aux séquelles dont nous avons parlé la dernière fois pour la famille et les enfants. Ce n'est là qu'une des conséquences.

Comment l'effondrement de l'économie mexicaine s'intègre-t-il dans tout cela ?

Je viens de recevoir il y a quelques jours un coup de téléphone d'un journaliste au Mexique m'annonçant que je suis maintenant un grand personnage là-bas parce qu'au cours d'une entrevue avec un journal mexicain il y a quelques mois (*La Jornada*, 7 novembre 1994) j'ai dit que tout était bâti sur du sable et allait s'écrouler. C'était pas mal évident. C'est ce qu'on appelle un stratagème de Ponzi. Vous empruntez de l'argent, vous utilisez ce que vous avez emprunté pour emprunter encore de l'argent, et finalement tout s'écroule parce qu'il n'y a rien derrière. Les économistes qui en savaient un tant soit peu sur le Mexique n'ont pas manqué de le voir. Ce sont les fanatiques idéologiques qui n'ont rien remarqué, ou qui le prétendent.

La réforme du marché libre, ce qu'on nomme la « privatisation », dont tout le monde dit que c'est une chose si merveilleuse, cela signifie brader les biens du public pour quelques sous à de riches compères du président. Tous les présidents du Mexique, y compris Salinas, que nous sommes censés aimer, en sortent milliardaires, d'une manière ou l'autre, comme tous leurs amis et associés. Le nombre de milliardaires sur la liste de *Forbes* est passée de un à vingt-quatre de 1989 à 1993, au cours du formidable miracle économique. Entretemps, le nombre de personnes sous le seuil de la pauvreté s'est accru à peu près au même rythme et les salaires ont diminué d'environ cinquante pour cent.

Un des objectifs de l'ALÉNA est de miner l'économie mexicaine en l'ouvrant à des importations beaucoup moins chères des États-Unis. Les É.-U. ont une économie avancée avec subventionnement par l'État, de sorte qu'ils peuvent produire les choses à prix très réduit. L'idée était de supprimer les moyennes entreprises mexicaines, mais de conserver les multinationales, car il existe des multinationales mexicaines. Il faut conserver les monopoles, les milliardaires, les bas salaires ; c'est bon pour les entreprises américaines. Ensuite elles peuvent s'implanter et trouver des travailleurs pour une fraction des salaires américains. Le Mexique est un État très répressif. Il n'est point nécessaire de s'inquiéter de la présence de syndicats et de réglementations. Beaucoup de capitaux ont afflué vers le Mexique, mais il est bien connu qu'ils sont surtout spéculatifs. Quant aux Mexicains riches, ils exportent tout simplement leurs capitaux. Ils ne les conservent pas dans leur pays. Ils ont donc probablement essuyé des pertes minimes à la suite de la dévaluation. De toute façon ils savaient tous que cela arriverait, car le système est tellement corrompu que tous les gens du milieu le savaient.

Quiconque observe ce qui s'est passé constatera que les capitaux mexicains ont probablement été virés à l'étranger très rapidement peu de temps avant la dévaluation. Ce sont donc les investisseurs américains qui sont dans le pétrin, les grandes firmes de Wall Street. Christopher Whalen, spécialiste mexicain très conservateur qui conseille les milieux d'affaires, a qualifié le plan actuel de plan de renflouage du Secrétaire d'État Rubin et ses amis. Les Européens savent cela. Tout juste ce matin les principaux pays européens ont annoncé qu'ils allaient tirer leur épingle du jeu. Ils ne voient pas l'intérêt de renflouer les riches firmes de Wall Street. Il s'agit d'un de ces procédés au moyen desquels on s'organise pour que le contribuable américain donne de l'argent aux Américains riches. C'est fondamentalement ce qui s'est passé au cours de la crise d'endettement du début des années 1980. Le Mexique avait une dette énorme. Les créanciers étaient des banques américaines, mais elles n'ont pas voulu assumer les pertes. Celles-ci ont alors pour l'essentiel été socialisées. Lorsque la dette est transférée à des institutions de financement internationales, comme ce fut le cas ici, cela signifie qu'elle retombe sur le contribuable. Ces institutions n'obtiennent pas leur argent du néant, elles l'obtiennent à partir des impôts. Voilà exactement ce qu'est le capitalisme réel. Le profit est privatisé mais les coûts sont socialisés.

Si le Mexique veut se développer il devra le faire comme l'ont fait tous les autres pays, non pas en se coupant des marchés internationaux mais en se concentrant sur le développement domestique, ce qui veut dire développer ses ressources, les protéger, les conserver. Car il est riche en ressources. Mais il ne doit pas les brader à des étrangers.

Or il fait exactement le contraire. Un des aspects de ce plan de sauvetage, c'est que le Mexique est essentiellement en train d'hypothéquer sa principale ressource, ses réserves pétrolières. Les É.-U. essaient depuis quarante ans de s'en emparer, et maintenant c'est chose faite. PEMEX, la grande entreprise mexicaine, est probablement en faillite complète. Elle a l'air en santé selon les statistiques, mais si n'importe quel comptable sérieux y jetait un coup d'œil il constaterait probablement qu'elle n'a pas de capitaux. Car comparée aux autres grandes entreprises pétrolières elle a réalisé très peu de dépenses d'investissement. Cela signifie quelque chose de très simple : elle ne se prépare pas à produire pour l'avenir. Mais elle possède le pétrole et les sociétés énergétiques américaines seraient enchantées de mettre le grappin dessus. Le Mexique s'en va en eau de boudin, c'est ce qu'on appelle un miracle économique. Et ce n'est pas le seul. Cela est vrai pour l'ensemble de l'hémisphère.

C'était vraiment intéressant de voir comment cela a été décrit par la presse à grand tirage. Vous avez souvent parlé de la nécessité pour les pays étrangers de satisfaire les investisseurs de Wall Street. J'ai rarement vu cela se produire de manière aussi flagrante que dans ce cas-ci. Le ministre des finances du Mexique se rend à New York, fait valoir son point de vue et le Times *écrit que les investisseurs new yorkais ne sont pas satisfaits de lui. Il retourne au Mexique et est viré. Alors un deuxième type se rend à New York, comme l'ont fait les ministres des finances d'Argentine et d'ailleurs, et on écrit qu'il est sympathique aux investisseurs new yorkais.*

Ce cas était si flagrant qu'il était impossible de le dissimuler. On le voyait partout sur les pages de couverture. En fait, c'était plutôt intéressant de voir ce qui s'est passé au Congrès. Le Congrès actuel n'est pas vraiment une institution acquise au grand capital comme l'est généralement le Parti démocrate. Il comporte un mélange d'éléments fanatiques nationalistes très réactionnaires. Ceux-ci s'appuient en bonne partie sur de fausses entreprises comme celles du genre yuppie et, dans une moindre mesure, sur de moyennes entreprises plus nationalistes. Or ces entreprises n'aiment pas cette politique, elles désapprouvent le renflouage des grandes firmes de Wall Street. C'est pourquoi il y a eu de l'opposition émanant du Congrès, de gens comme Pat Buchanan et d'ailleurs.

Ce qui s'est passé ici est très intéressant. S'il n'y avait pas des gens qui souffrent, si vous regardiez à partir de la planète Mars, ce serait intéressant à observer. Depuis des années les grandes entreprises essaient de miner et de démanteler l'ensemble du contrat social, le système de bien-être social et ainsi de suite. Mais il y a des élections. Vous ne pouvez pas aborder la population et dire : « Regardez, votez pour moi, je veux vous tuer ». Ça ne marche pas. Alors, ce que ces entreprises ont dû faire, c'est tenter de rassembler les gens, comme l'ont fait d'autres démagogues, autour de thèmes différents — les « questions culturelles », comme ils se plaisent à les appeler. Ainsi, ce qu'ils ont mobilisé, ce sont des intégristes chrétiens, des fanatiques chauvins et toute une gamme d'extrémistes, ainsi que beaucoup de gens qui vivent aux dépens du gouvernement mais prétendent être des entrepreneurs, comme les yuppies de la culture « high tech », qui sont tous subventionnés par l'État mais se réclament de toutes sortes de valeurs d'entreprise. Ce sont tous de grands libertaires tant et aussi longtemps que le gouvernement leur donne assez d'argent. Gingrich en est l'exemple parfait. Il n'y a qu'un tel rassemblement de personnes qu'ils peuvent mobiliser.

Aux É.-U. cela n'est pas difficile. C'est une société dépolitisée. Il n'y a pas de société civile, elle a été détruite : fanatisme intégriste très profond, peur généralisée, société très craintive, gens cachés dans la terreur. Le chauvinisme est extraordinaire. Il n'y a pas d'autre pays à ma connaissance, mise à part l'Union soviétique, où peut exister un concept comme l'« anti-américanisme ». Dans presque tout autre pays on s'en moquerait. Mais en Union soviétique ou aux États-Unis c'est considéré comme une chose tout à fait normale. Tout cela est la conséquence de beaucoup de propagande d'entreprise et de choses du même ordre.

Mais le résultat, c'est que maintenant ils tiennent le loup par les oreilles. C'est probablement un peu comme cela que les banquiers de Hitler ressentaient les choses à la fin des années 1930. La seule manière pour eux d'organiser les gens était de jouer sur la peur, la haine, le chauvinisme et la subordination au pouvoir. En peu de temps ils sont parvenus à ce que des maniaques s'affairent partout et s'emparent du contrôle politique de l'État. Or l'État est une institution puissante. Aux É.-U. la situation ressemble un peu à cela, de sorte qu'il y a un sentiment anti-grand capital parmi les masses que celui-ci a mobilisées. La raison en est qu'il ne pouvait pas les mobiliser autour d'un autre projet. Il ne pouvait pas les mobiliser autour du projet réel, c'est-à-dire : « Suicidez-vous ». Ça n'aurait pas marché. Alors il a dû les mobiliser autour d'autres projets, et il n'y en a pas beaucoup d'autres. Vous obtenez donc quelque chose comme — je ne veux pas établir un parallèle trop étroit, parce que les situations diffèrent — cela rappelle un peu l'Allemagne de Hitler ou l'Iran de Khomeiny, où des événements comparables ont eu lieu. Les milieux des affaires iraniens, les marchands, les bazari, ceux qui voulaient se débarrasser du Chah, ils ont certes mobilisé les intégristes islamistes. Mais ils n'ont pas été satisfaits des résultats. Quelque chose de semblable est en train de se produire ici.

Est-ce là selon vous le principal problème interne auquel la croisade de démantèlement des acquis sociaux est confrontée?

Je ne sais pas quelle est l'ampleur du problème. L'important, c'est que la masse de capitaux privés est aujourd'hui si énorme et d'échelle si transétatique qu'il n'y a pas grand-chose qu'on puisse faire dans le cadre des systèmes politiques pour agir sur elle. Une formule de l'*Economist* de Londres résume remarquablement la situation. On y décrit les élections en Pologne, à l'occasion desquelles les Polonais, ne comprenant pas à quel point leur économie est merveilleuse, ont ramené la vieille garde communiste au pouvoir. À peu près la moitié de la population polonaise estime qu'elle vivait bien mieux sous le communisme. Nous, nous savons que c'est un miracle économique. Eux, ils ne le comprennent pas. Mais l'*Economist* assure ses lecteurs que cela n'a pas vraiment d'importance parce que, selon ses termes, « la ligne de conduite est isolée de la politique ». En d'autres mots, ces gens ont beau s'adonner à leur jeu, l'emprise de la tyrannie privée est suffisante pour maintenir ce que la Banque mondiale appelle l'« isolation technocratique ». Continuez donc à faire les mêmes choses sans tenir compte de ce que ces gens expriment dans les boîtes de scrutin.

Cela est probablement vrai. Si vous examinez les programmes qu'on est en train d'imposer aujourd'hui, vous constaterez qu'ils sont très soigneusement conçus de manière à protéger les riches. Le budget de New York qui a été rendu public hier en est un très bon exemple. Cela vaut la peine d'y jeter un coup d'œil de près. On prétend qu'on diminue les impôts, mais c'est un mensonge pur et simple. Par exemple, si vous réduisez le soutien de l'État aux transports en commun, cela a une conséquence immédiate, à savoir que le coût de l'utilisation des transports en commun augmente. Et ça c'est un impôt, un impôt très soigneusement conçu, non pas pour les types qui se promènent en limousine mais pour les travailleurs. En fait, on va diminuer les impôts sur le revenu ; en ce sens on réduit les impôts. Mais le système fiscal devient moins progressif. On réduit donc les impôts, mais entre-temps on augmente les impôts des pauvres, les gens qui sont obligés de voyager par métro. Les services d'emplettes destinés aux personnes âgées qui restent à la maison parce qu'elles ne peuvent sortir et qui ont besoin d'aide, on va les réduire. Cela signifie que les coûts sont transférés aux pauvres.

On ne s'attaque pas à *Medicare,* parce que les riches le reçoivent. Mais on s'est attaqué à *Medicaid,* qui est destiné aux pauvres. Réduisons les services pour la santé mentale, les riches les obtiendront de toute façon. Examinez le budget attentivement, vous verrez qu'il traduit une guerre des classes planifiée soigneusement pour écraser les pauvres encore plus. Je ne veux pas dire les mères bénéficiant du bien-être social. Je veux dire les travailleurs. Je parle de quatre-vingts pour cent de la population. Écrasez les pauvres encore plus. Enrichissez les riches. Les inégalités au niveau du Guatemala, ce n'est pas suffisant. Et on veut aggraver la situation. C'est ça le prétendu populisme, la lutte pour les classes moyennes. Voilà les politiques qu'on est en train de nous faire avaler.

Il y a quelques mois le Secrétaire au Travail Robert Reich a déclaré que si l'on veut parler du bien-être, que l'on parle alors du « bien-être de l'entreprise ». Cette idée a-t-elle fait son chemin ?
Il a prononcé un discours dont on a bien rendu compte dans la presse financière étrangère. Le *Financial Times* de Londres a écrit sur le sujet un long article. On en a parlé par ici. L'idée de Reich a été aussitôt rejetée par la Maison Blanche, qui l'a immédiatement sommé de se taire. Quelques semaines plus tard le *Wall Street Journal* a publié un bon article sur le sujet — c'était du très bon journalisme — dans lequel on a fait état des énormes subventions accordées aux entreprises dans le cadre du nouveau programme de Gingrich, dont les conseils d'administration, selon le *Journal,* allaient être enchantés. Dans cet article on explique que Robert Reich a certes fait ce discours sur la suppression du bien-être de l'entreprise tel que nous le connaissons, mais qu'il a été aussitôt ramené à l'ordre par la Maison Blanche. On lui a fait savoir de manière tout à fait explicite que de tels projets n'étaient pas à l'ordre du jour, tout au contraire : « Nous travaillons pour vous, les gars, ne vous inquiétez pas. » Mais c'est une idée qui a la cote du public actuellement, bien qu'il soit très peu usité aux É.-U. et qu'il soit immédiatement censuré par la Maison Blanche de Clinton.

Robert Siegel est le co-animateur de l'émission All Things Considered, *sur la chaîne* National Public Radio. *Au cours d'un entretien en Caroline du Nord avec Jerry Markatos, un collègue à moi, Siegel a dit qu'« attaquer le*

bien-être pour les riches est un des thèmes principaux du fonds de commerce rhétorique des Démocrates. La remarque de Chomsky à ce propos n'est pas exactement ce qu'il y a de plus nouveau sur la question. »
Bien sûr, ça fait des années que j'en parle, tout comme d'autres en dehors du courant dominant. Il croit peut-être ce qu'il a dit, mais il ne sait probablement rien sur les faits. Les types comme ça sont uniquement censés lire les mots que quelqu'un leur met sous les yeux. La vérité, c'est que la suggestion d'« attaquer le bien-être pour les riches » a été immédiatement rejetée. Elle ne constitue pas un des thèmes principaux des Démocrates. En fait, ils ont dit de manière tout à fait claire et explicite qu'ils allaient tuer l'affaire dans l'œuf. Reich a été mis sur la sellette à ce propos. Siegel n'est peut-être tout simplement pas au courant des faits, ce qui est très probable. D'ailleurs, le point qu'a soulevé Markatos n'a rien à voir avec ce qu'on appelle parfois le « bien-être d'entreprise », mais avec quelque chose de tout à fait différent et beaucoup plus important : le système basé sur le Pentagone de subsides publics pour l'industrie de haute technologie. Apparemment, Siegel n'a pas compris du tout, encore une fois, ce qui n'est pas très étonnant puisque de tels sujets ne sont guère susceptibles d'être abordés dans les milieux qu'il fréquente.

Mais Siegel n'en reste pas là. Markatos lui a demandé pourquoi il n'invite pas Chomsky de temps en temps sur NPR. *Il a répondu qu'il n'était pas très intéressé à vous entendre et que vous « avez manifestement l'oreille d'un*

petit auditoire avide et essentiellement universitaire qui semble convaincu que le monde tangible de la politique n'est que la résultante d'illusions, de compréhensions erronées et de manipulations par les médias».
Il en sait à peu près autant là-dessus que sur les grands thèmes du discours politique des Démocrates. En fait j'ai déjà eu un entretien avec lui une fois; c'était plutôt intéressant. Un de mes ouvrages intitulé *Necessary Illusions,* qui traite surtout des médias, est basé sur des conférences sollicitées, diffusées sur la radio d'État canadienne. Elles ont ensuite été publiées et sont en fait devenu un best-seller à Toronto. Selon mon souvenir je n'ai jamais vu ici une seule critique de ce livre.

Mais le public a exercé pas mal de pression sur *NPR.* Une partie de l'émission *All Things Considered* est consacrée à des entrevues avec des auteurs, et sous des pressions diverses on a finalement décidé de m'accorder une de ces entrevues de cinq minutes. C'était avec Siegel. Je n'ai pas écouté l'émission. Mais on a annoncé vers 17h00 heures qu'elle serait diffusée pendant la demi-heure suivante. Les gens ont écouté. À 17h25 mon entrevue n'avait toujours pas été diffusée. On a ensuite diffusé cinq minutes de musique. À ce moment-là les gens ont commencé à appeler les stations pour demander ce qui s'était passé. On ne le savait pas, alors ils ont commencé à appeler à Washington. La réalisatrice de l'émission a répondu que l'entrevue avait été diffusée. Elle a dit qu'elle figurait sur sa liste et qu'elle avait donc été diffusée. Les gens lui ont demandé de vérifier.

Il s'est avéré que l'entrevue n'avait pas été diffusée. La réalisatrice m'a appelé, et je l'ai abordée sans prétentions. Elle s'est vaguement excusée. Quelque part entre 17h05, lorsqu'elle a été annoncée, et 17h25, heure à laquelle elle devait être diffusée, l'entrevue avait été annulée par quelqu'un au sommet de la hiérarchie. La réalisatrice a dit que la raison à cela est qu'on a estimé que les questions de Robert Siegel n'étaient pas assez incisives. Si c'est vrai, le fait qu'on ait simplement vérifié à ce moment-là montre à quel point les libéraux de *NPR* sont terrifiés à l'idée qu'une pensée inacceptable sur le plan doctrinal puisse être exprimée. Elle m'a alors demandé si je voulais recommencer. J'ai accepté volontiers. C'est vraiment fastidieux de se rendre à la station de radiodiffusion, mais j'y suis retourné. Siegel a tenté de poser des questions incisives. Vous pouvez tirer vos propres conclusions. Cet entretien-là, on l'a diffusé. C'est notre seul échange de vues.

Quant à l'auditoire, il y a du vrai dans ce qu'il dit. Il est vrai qu'il y a certains pays, les É.-U. en sont un, les autres sont surtout des régimes totalitaires d'Europe de l'Est et d'ailleurs, où je n'ai eu presque aucun accès aux principaux médias. Il en va autrement ailleurs. Pour commencer, il existe beaucoup d'auditoires aux USA. Je n'ai pas de difficulté à parler aux gens avec lesquels je veux parler. En fait, je n'arrive à faire qu'une fraction de ce que je veux faire. Il s'agit d'étudiants, de groupes populaires, d'églises, etc. Mais le brin de vérité dans ce qu'il dit est qu'aux É.-U., tout comme en Russie, les principaux médias ont veillé scrupuleusement à ce que non seulement moi-même, mais toute personne véhiculant des idées dissidentes soit tenue à l'écart.

Vous m'avez montré l'entretien Markatos-Siegel (*Current*, 16 janvier 1995) tout juste après mon retour d'Australie. Là-bas j'ai donné au *National Press Club* une conférence qui a été télévisée à l'échelle du pays (à deux reprises) à partir de l'Édifice du Parlement. Je n'ai pas parlé des É.-U. On voulait que je parle de la politique étrangère de l'Australie. Alors j'ai parlé de la politique étrangère australienne à des journalistes, des parlementaires, des représentants officiels et à un auditoire national. Je n'ai pas été très poli, mais plutôt très critique parce que je considère que cette politique étrangère est honteuse. On a retransmis mon intervention au cours d'une émission des services internationaux diffusée vers l'Asie. On m'a interviewé pendant à peu près une demi-heure sur le traité de la mer de Timor, qui est de grande importance. Cela a paru partout dans la presse et les journaux. Il en va de même ailleurs. J'ai publié des articles et des entrevues dans les principaux journaux de haut en bas de l'hémisphère. Je reçois de nombreuses invitations des principaux journaux que je dois malheureusement décliner, faute de temps et bien malgré moi. Je viens de publier un article dans le principal quotidien d'Israël, c'était une critique sollicitée sur leur politique étrangère. On ne voulait pas que je parle des É.-U. On voulait une critique du prétendu processus de paix. Il en va de même en Europe.

Alors, en ce qui concerne Robert Siegel, il y a deux possibilités. Ou bien il sait quelque chose à mon sujet que personne d'autre ne sait en dehors de l'Union soviétique. L'autre possibilité, c'est qu'il ressemble aux commissaires du peuple d'une autre manière. Les gens peuvent décider par eux-mêmes.

Abordons un de nos sujets préférés, c'est-à-dire bien sûr les sports. Il y a actuellement un conflit de travail important qui retient l'attention de beaucoup de personnes, c'est-à-dire la grève du baseball. Avez-vous suivi cette affaire?
Je crains que non.

Il y a un aspect intéressant de ce conflit que, me semble-t-il, vous devriez connaître. Les propriétaires exigent que leurs travailleurs, les joueurs, acceptent le plafonnement de leurs revenus. Mais on ne réclame pas l'imposition d'un plafonnement semblable de la capacité des propriétaires de réaliser des profits.
Cela semble correspondre à la norme. Je vous parie sans avoir vérifié que la plupart des gens blâment les joueurs. C'est ce que je suppose, si je me fie à la manière dont les médias et la propagande d'entreprise fonctionnent habituellement.

On en a eu une illustration récemment ici au Massachusetts. Le Gouverneur Weld veut donner de l'argent au propriétaire des Patriots *de Nouvelle-Angleterre pour bichonner le stade, aménager des loges luxueuses, améliorer l'infrastructure routière et ainsi de suite. Un sondage*

publié dans le Boston Globe *d'hier indique que la plupart des gens sont d'accord. Ils croient que c'est une bonne idée. Car ce n'est pas du bien-être social.*
Non, parce ce que c'est pour des gens riches. Cela fait partie encore..., il s'agit que les gens paient pour leur propre subordination. Peut-être que c'est amusant de regarder des matches de baseball ; en fait, ça m'amuse aussi. Mais c'est un fait que la manière dont tout cela fonctionne dans la société a pour effet de marginaliser les gens. C'est un peu comme les combats de gladiateurs à Rome. L'idée est d'essayer de détourner l'attention de la grosse bête de ce que leur font les gens puissants et privilégiés. Voilà de quoi il retourne avec tout ce tapage, je suppose.

Decatur, en Illinois, est le théâtre de trois conflits de travail importants. Les entreprises touchées sont Staley, une société britannique ; Bridgestone, premier fabricant mondial de pneus et de caoutchouc, qui est propriété japonaise, et Caterpillar, premier producteur mondial d'équipement de terrassement. Chez Staley il y a un lock-out et chez Bridgestone et Caterpillar les travailleurs sont en grève. Le New York Times *qualifie ces événements de « champ d'essai en relations de travail » et ajoute qu'« à Decatur plus que n'importe où ailleurs le mouvement syndical essaie de freiner sa glissade vers la non-pertinence ».*
Il y a une longue histoire derrière tout cela. L'histoire américaine des relations de travail est extrêmement violente ; elle est atypique du monde industriel. Ce n'est qu'au milieu des années 1930 que les travailleurs ont obtenu ici les droits qu'ils détenaient en Europe.

Là-bas ils avaient acquis ces droits un demi-siècle auparavant, même dans les pays réactionnaires. En fait, la presse britannique de droite, notamment le *Times* de Londres, était stupéfaite de la manière dont les travailleurs américains étaient traités. Plus tard les travailleurs américains ont finalement acquis certains droits.

Cela a suscité une hystérie absolue dans les milieux d'affaires. Ils croyaient tenir tout le pays par la gorge, mais ils ont découvert que ce n'était pas le cas. Ils ont immédiatement amorcé une contre-attaque. Celle-ci a été suspendue pendant la guerre, mais elle a repris tout juste après, au moyen d'énormes campagnes. Un chef d'entreprise a bien formulé la chose : il a dit qu'il y a « une bataille permanente pour conquérir les esprits des hommes » et que « nous devons la gagner ». On a dépensé des milliards de dollars à cette fin. Au début des années 1950, lorsque toute cette campagne a démarré, les milieux d'affaires réalisaient des films qui étaient vus par 20 millions de personnes par semaine. C'était une campagne colossale. Ils organisaient ce qu'ils appelaient des « programmes d'éducation économique » pour enseigner aux gens leur version de la vérité. Ils obligeaient les travailleurs d'usine à y participer. Cela s'appelait « temps de repos » (*released time*). Les travailleurs devaient assister à ces cours. On a distribué des millions de brochures. À peu près un tiers du matériel scolaire a été fabriqué par les milieux des affaires. Les églises et les universités ont également été ciblées pour être subverties. On s'est même emparé des ligues sportives. L'énorme industrie du spectacle a été ralliée à la cause. Pour le monde des affaires c'était une entreprise tout à fait sérieuse. La croisade anti-communiste y était associée — voilà la vraie signification de toute cette campagne. C'était un moyen d'utiliser la peur et les sentiments chauvins pour tenter de saper les droits des travailleurs. Les bureaucrates du monde syndical ont joué leur rôle dans tout cela.

Les milieux d'affaires étaient inquiets à l'époque. À la fin de la Seconde Guerre mondiale la population américaine s'était jointe aux grands courants socio-démocratiques qui parcouraient le monde. Presque la moitié des travailleurs croyaient qu'ils réussiraient mieux si les usines appartenaient au gouvernement plutôt qu'à l'entreprise privée. À la fin des années 1940 les syndicats revendiquaient le droit des travailleurs à voir les comptes, à participer aux prises de décision de la direction et à contrôler les usines; en d'autres mots, ils tentaient de démocratiser le système, ce qui est une idée terrifiante pour de purs totalitaires comme les chefs d'entreprise. Il y a donc eu un véritable combat. Il s'est poursuivi au cours des années 1950, animé essentiellement par l'anticommunisme.

Pendant les années 1980 les syndicats ont été réellement écrasés. Il y a eu une série de grèves chez Caterpillar. La première a été critique, parce que c'était la première fois que le gouvernement appuyait l'embauche de ce qu'on a appelé des « travailleurs de remplacement permanents », en d'autres mots des briseurs de grèves (*scabs*), cela dans l'industrie manufacturière. Les É.-U. ont été condamnés sous ce rapport par l'Organisation internationale du travail, chose tout à fait inusitée. L'OIT est un organisme très conservateur qui n'offense pas ses principaux bailleurs de fonds. Mais elle a mis les É.-U. sur la sellette à cette occasion et leur a demandé d'adhérer aux normes internationales du travail. Peut-être Robert Siegel en a-t-il rendu compte à *NPR*. Je suis sûr que oui. Ces événements ont été d'importance capitale.

Mais nous voici arrivés à l'étape suivante. En raison des développements dans l'économie internationale, les milieux d'affaires sentent que l'adversaire est aux abois ; ils pensent qu'ils peuvent démanteler tout le contrat social qui a été élaboré depuis un siècle grâce aux luttes populaires : les droits syndicaux, les droits de la personne, le droit des enfants d'être nourris, toute autre chose que réaliser des profits demain.

Il importe de se rappeler que nous ne vivons pas en économie capitaliste, parce qu'un tel système n'est pas viable ; mais l'économie est quasi-capitaliste, il y a donc les forces du marché et la concurrence. Dans un système de ce genre vous êtes animé par des objectifs à très court terme. Une des caractéristiques d'un tel système est que vous ne pouvez pas planifier. Vous voulez faire un profit le lendemain. Si demain vos résultats ne sont pas bons, vous êtes éjecté et quelqu'un d'autre prend votre place. Le résultat, c'est que les concurrents se détruisent eux-mêmes. C'est une des raisons pour lesquelles les milieux d'affaires ont réclamé une réglementation gouvernementale il y a un siècle, lorsqu'ils jouaient avec le laisser-faire. Ils ont rapidement vu que celui-ci allait tout détruire. Une bonne partie de l'appareil de réglementation a donc été mis en place sous le contrôle des milieux d'affaires.

Mais maintenant ils sont plus fanatiques et ils veulent détruire l'appareil de réglementation. Ce que cela signifie est clair. Le choix du moment était presque sublime : en décembre dernier, lorsque les Républicains ont annoncé leurs projets en vue de supprimer et de démanteler par divers procédés l'appareil de réglementation, car c'est cela qu'ils ont l'intention de faire, à ce moment précis est sortie une série de rapports sur certaines des conséquences engendrées par de telles pratiques au cours des années 1980. Une des plus frappantes s'est manifestée ici même en Nouvelle-Angleterre. Le banc Georges, qui a été la zone de pêche la plus poissonneuse au monde, a dû être en bonne partie interdit d'exploitation. Aujourd'hui la Nouvelle-Angleterre importe de la morue de la Norvège — c'est comme si l'Australie importait des kangourous de la Turquie. La raison en est que la Norvège a protégé ses zones de pêche. Elle a une autre « philosophie », comme on dit ici. Notre philosophie est de tout piller autant que possible et d'oublier le lendemain. Leur philosophie est de prendre en compte les besoins présents et futurs de la population.

Ce qui s'est passé, c'est que le gouvernement a combiné subsides à l'industrie de la pêche et déréglementation. Vous savez ce que cela signifie. On paie des gens pour épuiser les ressources en poissons, on ne réglemente pas ce qu'ils font et ils épuisent ces ressources. En fait ce sont les poissons de fond qui ont été épuisés. Quant à savoir si ces poissons vont se régénérer, personne ne le sait vraiment. Les scientifiques n'en savent pas assez sur la question : peut-être a-t-on détruit à jamais la zone de pêche la plus riche du monde, peut-être va-t-elle d'une manière ou l'autre se régénérer. Or cela s'est su au même moment qu'on annonçait des mesures supplémentaires de déréglementation. Survient ensuite l'effondrement du Mexique, autre exemple : déréglementez tout, enrichissez les riches, car c'est ça la privatisation, et vous verrez ce qui va se passer. Et si quelque chose ne va pas, tournez-vous vers le public pour vous renflouer, car le « capitalisme » nécessite la privatisation des profits mais la socialisation des coûts et des risques.

Par ailleurs, pendant ces mêmes semaines, la NASA a rendu publique de nouvelles données satellitaires qui constituent l'indice le plus probant à ce jour d'une remontée du niveau de la mer, conséquence du réchauffement global. On a également annoncé, relativement à ces mêmes données, que l'amincissement de la couche d'ozone est dû à des substances chimiques industrielles.

Tout cela sort en même temps qu'on dit : « Supprimons le dernier résidu d'appareil de réglementation. » Mais cela se justifie en partie si l'unique valeur humaine consiste à gagner demain autant d'argent que vous le pouvez. Vous ne vous souciez pas de ce qui arrive plus tard et vous ne vous souciez pas de ce qui peut arriver aux autres. C'est tout à fait logique. Si ça détruit le monde, eh bien, ce n'est pas mon problème.

Nous entendons des klaxons et autres bruits à l'arrière-plan. Ce bureau est-il situé au-dessus d'une voie ferrée ?

En fait les choses ont changé par rapport à ce qu'elles étaient autrefois. Lorsque je suis arrivé dans les années 1950, c'était une zone industrielle. Les usines ont été complètement rasées. Tous les quartiers résidentiels ouvriers ont été démolis. C'est ce qu'on appelle la rénovation urbaine. À l'époque nous étions situés entre une maroquinerie, un fourneau à pneus, une chocolaterie et une savonnerie. Selon la direction du vent, nous recevions un délicieux cocktail d'odeurs. Maintenant il y a surtout de petites industries de haute technologie soutenues par l'État.

Il y a très peu de trains. La raison en est que le gouvernement américain a réalisé pendant les années 1950 ce qui est probablement le plus grand projet de génie social de l'histoire ; il a dépensé des sommes colossales pour détruire le système de transport public au profit des voitures et des avions, parce que c'est cela qui profite à la grande industrie. Tout a commencé par une conspiration des entreprises pour acheter les tramways et ainsi de suite. L'ensemble du projet a banlieusardisé le pays et l'a bouleversé. C'est pour cette raison qu'il y a des centres commerciaux dans les banlieues et que les centres-villes sont dévastés. Ce fut un énorme projet de génie social étatique.

Et ça continue. Par exemple, il y a quelques années, le Congrès a adopté le *Transportation Subsidy Act* afin de fournir de l'argent aux États pour soutenir les transports. Il s'agissait d'entretenir les transports publics et de combler les nids de poule des routes. Mais les chiffres ont récemment été rendus publics au cours de ce même mois de décembre, et ils démontrent qu'environ quatre-vingt-seize pour cent des fonds ont été consacrés au transport privé et presque rien aux transports publics. C'est pour cela qu'on fait faire les choses au niveau des États. Aujourd'hui les très grandes entreprises sont certes capables de jouer avec les gouvernements, mais elles peuvent contrôler les gouvernements des États beaucoup plus facilement. Car elles peuvent mettre les États en concurrence les uns avec les autres beaucoup plus facilement que les pays. C'est l'objectif de ce qu'on appelle la « délégation de pouvoirs » (*devolution*) : organisons les choses au niveau des gens, des États. Ainsi les grandes entreprises pourront vraiment les brutaliser, et personne n'aura une chance de s'en tirer. L'idée, c'est donc d'accorder des subventions globales aux États, sans contrôle fédéral, c'est-à-dire sans contrôle démocratique. L'argent ira précisément aux intérêts puissants. Nous savons de qui il s'agit : le secteur de la construction, les fabricants d'automobiles et ainsi de suite. Ce qui veut dire que ce qui reste de transports publics se dégradera très probablement.

Le budget de New York présenté hier en est un exemple saisissant. Cela n'y est pas écrit, mais il se traduira par une augmentation du coût des transports publics et une réduction des services ; pendant ce temps on veillera à ce que les types en limousine se portent très bien. Vous entendez certes quelques trains de marchandises au loin, mais à moins qu'on puisse démontrer qu'ils sont utiles aux pouvoirs privés, ils ne resteront pas dans le décor longtemps.

Soit dit en parenthèse, un de mes commentaires préférés en histoire diplomatique figure dans un excellent livre sur le Brésil écrit par un des meilleurs historiens en diplomatie, également historien de longue date de la CIA (Gerald Haines, *The Americanization of Brazil*). Il décrit avec énormément de fierté comment nous [les Américains] nous sommes emparés du Brésil en 1945. Nous nous proposions d'en faire un terrain d'essai pour des méthodes scientifiques de développement conformes au capitalisme. Nous avons fourni aux Brésiliens toutes les recommandations nécessaires. Il est très fier de ce naufrage complet, mais qui s'en préoccupe ? Le Brésil avait jadis été une colonie européenne, de sorte que son système ferroviaire était fondé sur le modèle européen, qui fonctionne. Or les É.-U. lui ont notamment conseillé d'adopter plutôt le modèle américain. Toute personne ayant déjà voyagé en train en Angleterre pré-thatchérienne ou en France et ensuite voyagé aux É.-U. saura ce que cela signifie. Mais il a raconté cela en gardant son sérieux. Les Américains ont conseillé en outre de détruire l'Amazonie.

Lorsque vous étiez à Chicago, en octobre, une femme dans l'auditoire vous a demandé d'une manière passablement directe pourquoi vous ne tenez pas compte du sexe des personnes dans votre analyse. Vous avez été plutôt d'accord avec elle, mais vous n'avez pas vraiment répondu à sa question.

De fait, j'ai beaucoup écrit sur le sujet dans des livres récents, s'agissant des ajustements structurels, de la globalisation de la production et de l'imposition d'une agriculture industrialisée orientée vers les exportations. Dans tous ces cas les femmes sont les principales victimes. J'ai traité de ces mêmes questions dans certains de mes articles les plus récents. Ce dont nous avons discuté l'autre jour à propos des conséquences pour la famille relève essentiellement de la guerre des sexes. Le seul fait que le travail des femmes n'est pas considéré comme du travail constitue une incroyable attaque idéologique. Comme je l'ai signalé, c'est quelque part entre la folie et l'idiotie. Tout le « débat » sur le bien-être, comme on dit, est fondé sur la supposition qu'élever des enfants, ce n'est pas du travail. Ce n'est pas comme spéculer à la bourse des valeurs, ça c'est du vrai travail. De sorte que si une femme s'occupe d'un enfant, elle ne fait rien. Le travail domestique en général n'est pas considéré comme du travail parce qu'il est exécuté par des femmes, ce qui fausse considérablement la nature de l'économie. Cela équivaut à des paiements de transfert de l'ensemble des femmes, et particulièrement des femmes qui travaillent, aux autres. Elles ne reçoivent pas la sécurité sociale si elles élèvent un enfant, bien qu'on puisse la recevoir dans d'autres cas. Il en va de même avec tous les autres bénéfices.

Peut-être n'ai-je pas autant écrit sur ces questions que je l'aurais dû, probablement pas. Mais c'est un phénomène capital, aujourd'hui très dramatique. Prenez encore une fois les plus récents projets relatifs au bien-être social de New York, ou bien ceux qu'on envisage d'adopter au Congrès. Une des choses qu'on va faire, c'est obliger les femmes âgées de moins de vingt et un ans qui veulent bénéficier de l'aide sociale à vivre avec leur famille. Regardez ces femmes. Un fort pourcentage d'entre elles ont des enfants à la suite de viols ou d'abus au sein de la famille. Les défenseurs des valeurs familiales disent: ou bien vous envoyez votre enfant à un orphelinat d'État, ou bien vous vivez avec une famille peut-être abusive et qui est peut-être à l'origine de vos problèmes. Mais vous ne pouvez pas partir de votre propre initiative et élever des enfants, parce que ce n'est pas du travail. Ce n'est pas une vie. Il faut vous insérer dans le marché du travail.

Tout cela constitue un phénomène très important de la vie américaine contemporaine, et à vrai dire dans l'histoire du capitalisme. Une des raisons pour lesquelles le capitalisme a l'air de réussir, c'est qu'il a toujours eu à sa disposition une abondante main-d'œuvre d'esclaves, la moitié de la population. Ce que les femmes font, on n'en tient pas compte.

Je ne vous ai jamais entendu employer, par exemple, le terme de « patriarcat ». Bien que je ne veuille pas vous faire grief de l'emploi de termes particuliers, s'agit-il d'un concept avec lequel vous vous sentez à l'aise ?

Je ne sais pas si j'emploie le terme, mais j'utilise certainement le concept. Lorsqu'on me demande ce que j'entends par anarchisme, je réponds toujours qu'il a pour objectif de miner toute forme d'autorité illégitime, que ce soit à la maison ou bien entre hommes et femmes, parents et enfants, entreprises et travailleurs ou l'État et la population. Cela concerne toutes les formes d'autorité qui doivent se justifier mais ne le peuvent presque jamais. C'est vrai, je n'ai pas insisté sur ce terme.

Y a-t-il des livres écrits par des féministes que vous lisez et estimez?
Je lis un peu la littérature féministe. Ce que je lis, je le sais déjà vaguement, de sorte que je n'apprends pas grand-chose. Peut-être que d'autres personnes apprennent ainsi. Mais cela en vaut la peine. Je crois que ces ouvrages ont eu un effet très positif sur la culture générale. Mais à moins que vous ne considériez comme de la littérature féministe des choses comme l'étude de Hewlett pour l'UNICEF sur les soins prodigués aux enfants, ce que je ne ferais pas — je la considère simplement comme de l'analyse —, non, je ne connais pas cette littérature très bien.

La Russie a été une formidable réussite. Les militaires ont attaqué le Parlement et sont parvenus à gagner cette bataille, mais que dire de la terrifiante démonstration de force militaire russe en république tchétchène?
J'estime depuis longtemps que la guerre froide était en bonne partie une facette du conflit nord-sud, unique quant à son ampleur mais représentative quant à sa logique de base. Avec son achèvement, il n'est donc pas étonnant de constater que la Russie est dans une large mesure en train de retourner vers le tiers monde auquel elle appartenait et dont elle avait fait partie pendant un demi-millénaire. Tout juste après 1989, non seulement la Russie, mais la plus grande partie de l'Europe de l'Est est tombée en chute libre et est retournée aux conditions du tiers monde. Le vieux parti communiste se porte bien. Il est plus heureux et plus riche que jamais. Les inégalités se sont

considérablement accrues. La classe dirigeante se compose pour l'essentiel de membres de la vieille nomenklatura, les types qui ont toujours plu à l'Occident et avec lesquels il cherche à faire affaire aujourd'hui.

L'UNICEF vient de réaliser une étude portant sur les incidences humaines des prétendues réformes, qu'elle approuve d'ailleurs. On estime qu'en 1993, dans la seule Russie, il y a environ un demi-million de morts supplémentaires par année à cause des réformes dont nous sommes si fiers. C'est une bonne dose de tueries, même selon les normes du vingtième siècle. Ce sont les mêmes dirigeants qui détiennent le pouvoir. Prenez Yeltsine, par exemple, que l'Occident appuie. C'est un chef de parti brutal à l'ancienne qui sait distribuer les coups. On assiste à la montée d'une énorme mafia, comme dans tous les autres pays du tiers monde dont nous nous emparons, à commencer par l'Italie du Sud en 1943.

Mais en réalité il y a une mafia importante dans le monde entier, y compris au demeurant au Mexique. Depuis le miracle économique le gouvernement mexicain est de plus en plus lié aux cartels de la cocaïne. Jeffrey Sachs, ce type qui a fait fortune en disant aux pays comment se sauver, est parvenu à la célébrité grâce au miracle économique en Bolivie. Mais ce qu'on ne signale généralement que dans les notes en bas de page, c'est que les Boliviens ont certes stabilisé leur monnaie, mais essentiellement en se recyclant dans l'exportation de la cocaïne, chose parfaitement rationnelle selon l'optique du conseil qu'il leur avait donné de devenir exportateurs agricoles.

Cela est en train de se produire aussi dans l'ex-URSS. Il s'agit d'une mafia colossale, qui se propage aux É.-U. parce qu'il y a beaucoup d'immigrants ici. On brade les ressources. Au Kazakhstan les ressources sont abondantes, et il y a partout des hommes d'affaires américains qui essaient d'acheter le pétrole. Si un pays qui se comporte si bien que cela veut perpétrer des massacres, les É.-U. n'y objecteront pas. Ils n'ont pas tenté d'empêcher les massacres en Tchétchénie, pas plus qu'ils n'ont tenté d'empêcher Saddam Hussein de gazer les Kurdes.

Me voici avec ce déluge de questions partiellement écrites. J'ai en main un jeu de cartes pipé alors que vous êtes simplement assis là. C'est comme à la roulette russe, d'une certaine manière, vous ne savez pas ce qui va survenir. Y a-t-il jamais des moments où vous vous dites : « Il ne comprend vraiment pas. Pourquoi ne demande-t-il pas telle ou telle chose ? »

Vos questions sont si parfaites, comment pourrais-je penser cela ?

Vous êtes impossible ! Envisagez-vous la possibilité d'alléger votre calendrier d'interventions orales auprès du public ?

En fait, je dois l'alléger un peu ce printemps parce que j'ai plus de cours à donner. J'ai doublé ma charge d'enseignement habituelle. Mais je ne l'ai pas envisagé en général. Je dois de toute façon réfléchir à ce que je vais faire pendant les quelques années à venir. L'âge de la retraite n'est pas très éloigné. Mais j'ai eu trop de choses à faire pour penser à l'avenir.

Avec toutes ces interventions dans les médias vous avez dû rejoindre des centaines de milliers de personnes — je pense à vos articles, aux entrevues, à la radio, à la télévision. Cela doit vous imposer un énorme fardeau, autant physique qu'émotif. Tout repose sur vos épaules. Cela me préoccupe, simplement comme ami.
Je ne ressens pas du tout les choses de cette manière. J'ai l'impression d'être porté sur les épaules des autres. Lorsque je vais parler au public, mettons à Chicago, je ne fais que me présenter. On a fait tout le travail. Tout ce que j'ai fait, c'est prendre l'avion, adresser la parole à quelques reprises et rentrer à la maison. Les gens là-bas ont fait tout le travail. Tout comme en Australie, d'où je reviens justement. Ces gens ont travaillé pendant des mois pour tout organiser, et ils travaillent encore. J'y suis allé, j'ai eu un séjour agréable et j'ai adressé la parole à divers endroits. J'exploite d'autres personnes. En fait, c'est une exploitation réciproque. Je n'essaie pas d'être modeste à ce sujet. Il y a certaines choses que je peux faire assez bien. Au cours des années je me suis essayé à toutes sortes de choses.

Par exemple ?
Croyez-le ou non, j'ai passé beaucoup de temps à faire de l'organisation et à assister à des réunions, comme aux premiers jours de *Resist,* dont j'ai été un des fondateurs. J'assistais religieusement à toutes les réunions, je m'asseyais, j'étais inutile et je m'ennuyais. Au bout du compte, une espèce de division du travail a émergé de tout cela par consentement réciproque. Dorénavant chacun ferait les choses qu'il peut faire.

Il y a certaines choses que je ne peux pas faire du tout et d'autres que je peux faire très facilement. Je fais ce que je peux faire facilement. Mais le travail sérieux est toujours réalisé par les organisateurs, il n'y a pas de doute là-dessus. Ils sont là tous les jours ; ils font le travail difficile, préparent le terrain, font ressortir les effets. Adresser la parole, cela n'a en soi aucun effet. C'est comme de l'eau qui coule sous un pont, à moins que les gens en fassent quelque chose. Si c'est une méthode, un moyen pour inciter les gens à penser, pour les rassembler et pour les encourager à réaliser quelque chose, c'est parfait, alors cela a valu la peine. Sinon, c'est une perte de temps, c'est parler pour s'écouter.

Parlant de résistance, quelles forces peuvent résister à l'assaut de la droite ?
Une majorité écrasante de la population est très fortement opposée à tout ce qui se passe. La question est de savoir si l'on réussira à détourner et séparer ces gens les uns des autres et à dissoudre les liens entre eux. On parle de la nécessité de donner des leçons de démocratie à Haïti. Quiconque ayant une cellule de matière grise dans la cervelle s'écroulerait de rire devant le ridicule d'une telle proposition. C'est nous qui devons apprendre des leçons de démocratie d'Haïti.

Voilà un pays vivant dans des conditions misérables, pires que tout ce que nous pouvons imaginer, mais dont la population a été capable par ses propres moyens de construire une société civile animée, vivante et fonctionnelle dotée de syndicats et d'organisations populaires et même, sans ressources, de hisser son propre président au pouvoir et de créer une véritable société démocratique. Bien sûr, elle a été écrasée par la force, avec notre complicité. Nous, personne ne va nous écraser par la force. Mais si nous pouvions apprendre les leçons de démocratie des paysans haïtiens, nous pourrions surmonter nos problèmes.

Pourquoi n'arrêtons-nous pas ici ? Peut-être pourrez-vous alors avancer quelque peu dans ces piles.
D'accord (rires étouffés).

CHAPITRE II

Prendre aux pauvres et donner aux riches

Entrevues réalisées les 31 octobre et 3 novembre 1995.

31 octobre 1995

Vous avez suivi le procès de la Cour internationale de Justice et le Traité du détroit de Timor mettant en cause le Portugal et l'Australie. Que s'est-il passé de ce côté?
La Cour internationale de Justice a annoncé sa décision le 30 juin, ou plutôt sa non-décision. Elle a décidé d'éluder le problème. On a soulevé des questions relatives à la procédure, du genre : « Peut-on aller de l'avant un tant soit peu en l'absence de l'Indonésie ? » Et même si l'on s'était entendu là-dessus il eût fallu aborder les questions essentielles ; on n'a donc pas dépassé le stade des questions de procédure. Par un vote de 12–3, on a décidé qu'on ne pouvait pas aller plus loin sans la présence de l'Indonésie. La question est donc enterrée. En revanche, si vous lisez la décision dans son intégralité, vous constaterez qu'elle n'est pas tout à fait

vide de substance. On a ainsi reconnu qu'il n'y a guère de doute selon le droit international que le Timor Oriental dispose du droit inaliénable d'auto-détermination. Mais on a ajouté qu'on ne pouvait pas poursuivre les délibérations sur les questions de procédure en l'absence d'une des parties concernées. Or l'Indonésie refuse de participer, tout comme les États-Unis s'agissant du Nicaragua. Dans ce dernier cas on a poursuivi les délibérations, mais pas ici.

Vous avez émis des commentaires sur l'efficacité relative de l'Australie et du Portugal pour plaider cette cause.
Je n'ai pas vu l'ensemble du dossier, mais ce que j'ai vu de la plaidoirie du Portugal ne m'a guère impressionné. L'Australie (là aussi, selon ce que j'ai vu) a agi habilement dans le sens juridique. Après tout, il faut se rappeler que même à la Cour internationale de Justice et à la *Supreme Court* le droit est dans une large mesure une espèce de duel où vérité et pertinence sont reléguées à l'arrière-plan. C'est en bonne partie une affaire d'apparences et de procédures. Une question que les Australiens ont soulevée et qui a considérablement embarrassé le Portugal, bien que cela ne soit pas pertinent, concerne ses rapports avec le Maroc et le Sahara occidental. Les Australiens l'ont soulevée pour montrer que les Portugais agissent de manière hypocrite. Deux secondes de réflexion suffisent pour comprendre que la question de savoir s'ils sont hypocrites ou non n'a strictement rien à voir avec le cas présent. Mais pour les délibérations de la cour et le colloque cette question est apparemment très pertinente. C'est une pratique courante des tribunaux, et les Australiens paraissent

vraiment habiles dans son maniement. L'Australie est un pays du premier monde, elle sait donc jouer à ce jeu.

Je ne connais pas la position des Portugais. Sont-ils favorables à l'annexion par le Maroc du Sahara occidental?
Je ne connais pas les détails exacts, mais ils ont apparemment conclu une espèce d'entente avec le Maroc portant peut-être sur les minéraux du Sahara occidental ou quelque chose comme ça. Les Australiens ont soulevé la question et affirmé qu'il y a un parallèle entre les deux situations : comment les Portugais peuvent-ils même soulever le cas du Timor Oriental? Cela démontre tout au plus que le Portugal est hypocrite, ce qui n'est pas la question essentielle. Mais les tribunaux étant ce qu'ils sont, la question marocaine a été jugée pertinente.

Vous rentrez tout juste d'une série de conférences dans le Washington et l'Oregon. Il y a eu, comme c'est désormais l'habitude, des assistances énormes, des applaudissements debout et ainsi de suite. Mais je sens chez vous une certaine inquiétude. Pourquoi?
Pour être tout à fait franc avec vous, lorsque je vois une foule énorme, ce qui arrive souvent ces temps-ci, j'éprouve des sentiments contradictoires. Je suis en partie plutôt attristé par cela, pour plusieurs raisons. D'abord, la personnalisation est trop poussée. Cela n'a pas de sens. C'est inquiétant. Ensuite, le rapport de la participation passive à l'engagement actif est beaucoup trop élevé. Mais c'était des conférences bien

organisées. Par exemple, on a fait ce que beaucoup d'organisateurs n'ont pas fait et devraient faire. Partout où je suis allé il y avait des douzaines de tables à l'extérieur, où toutes les organisations imaginables distribuaient des tracts, des prospectus et des feuilles à signer et expliquaient leurs objectifs. Ainsi, si les gens veulent faire quelque chose ils trouvent facilement de quoi faire dans leur communauté. La question qui revient constamment, pour laquelle je n'ai toujours pas réellement de réponse (je ne connais vraiment personne qui ait la réponse), est la suivante : « C'est terrible, c'est épouvantable, et ça s'aggrave. Que devons-nous faire ? Donnez-nous la réponse. » L'ennui, c'est que depuis toujours il n'y a jamais eu d'autre réponse que « Mettez-vous au travail ».

Il y a mille façons différentes de se mettre au travail. Mais d'abord, il n'y a pas qu'« un » travail. Il y a beaucoup de choses différentes à faire. Vous pouvez par exemple envisager des objectifs et des visions à long terme auxquels vous aspirez, mais même si c'est cela qui focalise votre attention vous devrez prendre des mesures pour y parvenir. Ces mesures pourront être de tout ordre, allant des soins apportés aux enfants affamés en Amérique centrale ou en Afrique au travail pour les droits des travailleurs d'ici ou à l'inquiétude suscitée par les sérieuses menaces réelles pesant sur l'environnement. Il n'existe pas de chose unique qui soit la bonne chose à faire. Cela dépend de vos intérêts, des événements, de la nature des problèmes et ainsi de suite. Vous devez pourtant vous y attaquer. Isolée, une personne ne peut réaliser que fort peu de choses. Il arrive parfois qu'une personne parvienne seule à quelque résultat, mais cela est exceptionnel. Vous travaillez en général avec d'autres personnes afin de trouver des idées, de vous renseigner à propos du problème concerné, d'élaborer et d'appliquer des tactiques appropriées et d'obtenir des soutiens. C'est comme cela que ça se passe, qu'il s'agisse de changements petits ou énormes.

S'il existe une réponse magique, je ne la connais pas. Mais il me semble que le ton des questions et, dans une certaine mesure, l'écart entre l'écoute et l'action — je suis sûr que cela est injuste — signifient : « Parlez-moi de quelque chose qui fonctionnera rapidement, sinon je ne me donnerai pas la peine de me déranger parce que j'ai d'autres choses à faire. » Mais rien n'aboutira bien rapidement, tout au moins si cela mérite d'être fait, et il en a toujours été ainsi.

Pour revenir à votre question, même dans le cadre de conférences comme celle-ci les organisateurs m'ont dit avoir suscité bon nombre d'engagements apparents. Les gens demandent « Puis-je me joindre à votre groupe ? », ou « Que puis-je faire ? », ou encore « Avez-vous des suggestions ? ». Si cela fonctionne, tant mieux. Mais en général il y a pour ainsi dire un abîme entre la taille de l'auditoire, voire entre sa réaction immédiate et le suivi. C'est déprimant.

Êtes-vous encore très sollicité pour de telles allocutions. Songez-vous à arrêter ?

Je serais enchanté d'arrêter. Pour moi, franchement, ce n'est pas très amusant. Mais je le fais parce que je tiens à le faire. Je rencontre des gens merveilleux qui font des choses formidables. C'est la chose la plus importante que je puisse concevablement faire. Mais si le monde disparaissait, je serais content d'arrêter. Ce qui devrait se passer, c'est que beaucoup de personnes plus jeunes se manifestent et réalisent toutes ces choses. Si cela arrivait, ce serait bien ainsi. Je serais content de m'effacer dans l'arrière-plan. Cela m'irait. Mais les choses ne se passent guère ainsi.

Il y a autre chose qui m'inquiète. Les intellectuels de gauche qui seraient susceptibles de s'engager brillent par leur absence. Je ne parle pas des gens qui arrivent et disent : « Bon, je suis votre meneur. Suivez-moi, je vais m'occuper de vos affaires. » Il y a toujours eu beaucoup de gens comme ça. Mais agir comme les personnes qui sont toujours actives, qu'il s'agisse d'éduquer les travailleurs ou d'être présent dans la rue ou ailleurs là où elles peuvent aider à organiser, cela a toujours fait partie de la vocation des intellectuels, de Russell et Dewey à des personnes dont vous n'avez jamais entendu le nom mais qui font des choses importantes. Aujourd'hui il y a visiblement une lacune, pour toutes sortes de raisons. Un certain nombre de personnes s'occupant de ces questions en ont parlé. Je suis certain que vous en connaissez certaines.

Je ne suis pas tout à fait d'accord. On entend des voix comme celles de Holly Sklar et Winona LaDuke et d'autres encore émanant d'une génération plus jeune.

Ce n'est pas rien. Mais je crois qu'elles ne sont pas aussi nombreuses qu'elles devraient l'être ou qu'elles l'ont été par le passé. Peut-être qu'elles étaient plus nombreuses autrefois pour des raisons assez simples. Une bonne partie de ces personnnes gravitaient, par exemple, autour du parti communiste, qui éprouvait d'ailleurs de sérieuses difficultés. Mais quelles qu'en soient les causes, je crois qu'on est en présence d'un fait tout à fait discernable. Car il y a beaucoup d'intellectuels de gauche. Seulement, ils font autre chose. La plupart de leurs activités sont sans rapport avec les activités dont nous parlons, et parfois elles leur sont nuisibles.

Une allocution que vous avez prononcée fin août à Martha's Vineyard sur le pouvoir des entreprises a été diffusée sur les ondes de C-SPAN *il y a quelques semaines. Quelle réaction a-t-elle suscitée ?*

La réaction habituelle. J'ai reçu un déluge de lettres auxquelles j'essaie de répondre petit à petit. Plusieurs d'entre elles sont contradictoires. Plusieurs autres sont très engagées, très inquiètes. Les gens disent souvent : « C'est terrible. Je suis content que quelqu'un en parle. Je suis du même avis que vous. Que puis-je faire ? » Il y a une frange étrange. Bon nombre de personnes m'attribuent des affirmations qui sont très éloignées de ce que je veux dire. Je reçois par exemple des lettres très enthousiastes affirmant : « C'est du tonnerre, je suis si content de l'entendre dire, c'est merveilleux, c'est formidable, merci, etc. J'aimerais partager avec vous ce que j'ai fait à ce sujet. » Vient ensuite un document quelconque qui est souvent à mon avis tout à fait farfelu et qui, de toute façon, n'a absolument rien à voir avec ce que je dis. Quelque part, donc, le courant ne passe pas entre nous. Je crois que je sais même vaguement pourquoi. Il y a aujourd'hui un phénomène culturel étrange. Cela est lié à la croissance considérable du « cultisme », de l'irrationalisme et de la dissociation, de la séparation et de l'isolement des individus. Tout cela se développe en même temps. Je crois qu'un autre aspect de la situation est la manière dont la population réagit à ce qui lui arrive. Dans des proportions aujourd'hui si écrasantes que cela fait même les manchettes des journaux, les gens s'opposent avec acharnement à tout ce qui se passe ; ils sont effrayés et en colère et réagissent comme des boxeurs sonnés. Ils sont simplement trop isolés, à la fois dans leur vie personnelle et leurs rapports humains et intellectuellement, ils n'ont rien à quoi s'accrocher. Ils ne savent pas comment réagir, sinon de manière irrationnelle. Par certains aspects la société a l'allure d'une société paysanne après le passage d'un fléau ou après qu'une armée soit passée et ait tout dévasté. Les gens se sont simplement dissous dans leur incapacité à réagir.

C'est plutôt dramatique lorsque vous songez, mettons, à l'extrême opposé dans l'hémisphère : Haïti. Voici le pays le plus pauvre de l'hémisphère. Il a été victime d'une terreur atroce. Les gens vivent dans la misère absolue. J'ai vu beaucoup de pauvreté dans le tiers monde, mais c'est pas mal difficile d'égaler ce que vous trouvez dans les marchés de Port-au-Prince, sans parler des collines. Vous avez ici la pire situation concevable, des conditions incroyablement horribles. Or ces gens pauvres, les habitants des quartiers pauvres, les paysans dans les collines ont réussi à créer par leur propre activité une société civile très vivante et vibrante, avec des mouvements et des associations populaires, des syndicats, des idées, des engagements, de l'espoir, de l'enthousiasme et ainsi de suite à une échelle étonnante, et cela à tel point que sans ressources ils ont pu s'emparer du système politique. Bien sûr il s'agit d'Haïti ; la prochaine chose qui les attend, donc, c'est le coup de marteau sur la tête, que nous aidons en quelque sorte à administrer, mais ça c'est une autre histoire. Même avec tout cela, Haïti survit, apparemment, et dans les pires conditions imaginables.

Regardez maintenant les États-Unis, où il y a les meilleures conditions imaginables : les gens n'ont tout simplement aucune idée de la manière de réagir. L'idée que nous devrions aller à Haïti pour enseigner aux Haïtiens la démocratie devrait nous faire tous tordre de rire. Nous devrions aller *là-bas* et y apprendre des choses au sujet de la démocratie. Ici les gens posent la question : « Qu'est-ce que je dois faire ? » Allez demander à quelque paysan haïtien illettré. Lui, il semble le savoir. C'est cela qu'il faudrait faire.

Il y a un autre aspect dans tout cela, un autre problème qui est pas mal général. Je dis souvent, car je le crois, que c'est une société très libre, tout au moins pour les gens qui sont relativement privilégiés, c'est-à-dire pour un nombre considérable de personnes. La capacité de coercition du gouvernement est très limitée. On fait très couramment le commentaire suivant (je l'ai entendu à maintes reprises au cours de cette dernière tournée, mais également ailleurs) : « Mais qu'en est-il de Kent State ? », et non, d'ailleurs, de Jackson State, qu'on évoque rarement. Et qu'en est-il de Joe McCarthy ? Même celui-ci n'est pas mentionné parce que ce ne serait pas pertinent. J'ai parlé de personnes « relativement privilégiées ». Si vous êtes un organisateur noir travaillant dans les quartiers pauvres, vous éprouvez bien sûr beaucoup de difficultés. Mais pas la plupart d'entre nous. En tout cas, l'impression qu'il y a ici de la répression est très forte. Par contraste, lorsque j'ai séjourné brièvement à Haïti quand la terreur était à son maximum, la population était absolument terrorisée, et à juste titre, mais elle ne croyait pas qu'il fallût abandonner à cause de la possibilité qu'il y ait un jour de la répression. Si vous comparez l'intensité de la répression ici et dans la plus grande partie du monde, où la plupart des gens n'y pensent même pas — ils subsistent tout simplement — le parallèle est plutôt choquant.

Alors cette perception de l'omnipotence du pouvoir gouvernemental, l'attribuez-vous à la propagande ?

De manière très générale je l'attribue à la propagande, si l'on donne au terme « propagande » un sens très étendu. L'ensemble du système doctrinal, notamment l'industrie du spectacle, les entreprises médiatiques, le système éducatif, le système politique et tout le reste, ainsi que l'industrie des relations publiques, tout cet énorme système se consacre très activement et même très consciemment depuis la Seconde Guerre mondiale à réaliser plusieurs objectifs. L'un d'entre eux consiste à diaboliser les syndicats. Un autre consiste à inciter la population à haïr et à craindre le gouvernement, ce qui pourrait paraître un peu contradictoire puisqu'il est contrôlé par le système doctrinal. Mais ce n'est pas contradictoire. Il y a certes beaucoup de choses que l'on peut reprocher au gouvernement, mais ce n'est pas cela qui inquiète les gestionnaires du système. Ce qui les inquiète, c'est la seule chose de bien au gouvernement, à savoir le fait qu'il est susceptible d'être influencé par la population.

Cela n'est pas vrai des tyrannies privées. General Electric n'est pas influençable par la population, sauf très indirectement par le biais de mécanismes régulateurs très faibles que ces tyrannies contrôlent de toute façon pour l'essentiel. Vous ne pouvez pas voter pour décider ce qu'elles devraient faire et vous ne pouvez pas participer aux prises de décision. Car ce sont des tyrannies. Imaginez que vous soyez dans le bureau d'une entreprise de relations publiques en train d'essayer de transformer la population en société idéale, c'est-à-dire en atomes de consommation manipulables qui vont consacrer leurs énergies à acheter des choses dont ils ne veulent pas parce vous leur dites que c'est cela qu'ils veulent — voilà la publicité. Ces personnes atomisées ne s'associeront jamais pour contester quoi que soit, et elles n'auront rien d'autre en tête que de faire ce qu'on leur dit de faire. Une parfaite utopie. Supposez donc que vous soyez en train d'essayer de faire cela. Ce que vous faites, c'est parvenir à les faire haïr et craindre le gouvernement, à craindre l'immensité du gouvernement. Mais pas regarder du côté de la liste des 500 plus riches ni même des entreprises de taille moyenne, ni demander comment elles fonctionnent, ni chercher à savoir ce qui, il y a 60 ans, était des truismes pour des économistes politiques importants des courants dominants comme Robert Brady et, en fait, pour le mouvement prolétaire tout au long de son histoire. Car ces entreprises sont tout simplement des systèmes tyranniques et totalitaires. Vous ne voulez pas que les gens voient cela. Vous voulez qu'ils se défient de la seule instance dans laquelle ils pourraient s'engager et qui pourrait même les protéger des déprédations du pouvoir privé. La chose logique à faire consiste donc à développer un sentiment antipolitique. Et cela a fonctionné. La population hait et craint le gouvernement et se méfie des bureaucrates.

Prenez, par exemple, la santé. On craint beaucoup que des bureaucrates gouvernementaux ne parviennent à la contrôler. Il y a pourtant beaucoup plus de bureaucrates qui nous contrôlent dans les bureaux des compagnies d'assurance. Mais ce n'est pas cela qui préoccupe les gens. Ils ne s'inquiètent pas de ces bureaucrates intellos des bureaux des compagnies d'assurance qui nous font remplir des formulaires et qui nous disent quoi faire, alors que nous devons payer pour leur déjeuner et leur publicité pendant qu'ils nous bombardent de leur propagande. Ce n'est pas là-dessus que sont focalisées la colère et les craintes des gens, mais bien, par manipulation très consciente et à dessein tout à fait rationnel, sur cette dangereuse bureaucratie fédérale.

En fait, ce qui se passe aujourd'hui eu égard à la tentative de délégation des pouvoirs, c'est-à-dire le transfert des prises de décisions au niveau des États — tout cela est parfaitement logique si vous êtes un adepte de la tyrannie. Il y a certes des circonstances dans lesquelles la régionalisation serait une très bonne initiative. La délégation, c'est-à-dire le transfert du pouvoir et des prises de décision à un niveau plus bas, plus près du peuple, pourrait constituer une étape vers la démocratie, mais pas en présence de tyrannies privées. Dans ce cas, la seule institution qui reflète au moins en partie la participation du public et qui puisse tenir tête à ces tyrannies est une institution très puissante, à savoir le gouvernement fédéral. Supposons que l'on confie des subventions globales aux États. En fait, ce serait un moyen de garantir qu'elles ne parviennent pas aux pauvres. Toute entreprise même de taille moyenne dispose de toutes sortes d'instruments pour faire pression sur les États afin de s'assurer que l'argent aboutisse dans ses poches et non dans celles des enfants qui ont faim. On peut y parvenir à l'aide de mesures fiscales régressives et de tout l'éventail des subsides que les institutions gouvernementales accordent aux pouvoirs privés capables de les menacer — « je déménagerai au Tennessee demain » — il est donc clair dans ces conditions que la décentralisation des pouvoirs est un excellent moyen d'accroître la tyrannie et de réduire la menace de la démocratie ainsi que de transférer les ressources de manière encore plus dramatique vers les riches et de les éloigner des pauvres. C'est la conséquence évidente de la délégation. Mais je n'ai jamais vu la question discutée dans les médias dominants, en dépit de son caractère évident.

Ce qu'on discute, ce sont des choses qui n'ont absolument rien à voir avec le problème, comme la question de savoir si nous pouvons faire confiance aux gouverneurs pour s'occuper des pauvres. Qu'est-ce que cela a à voir avec quoi que soit ? C'est tout à fait dépourvu de signification. Mais c'est de ce genre d'absurdité dont on discute, et non du fait manifeste et écrasant que déléguer les ressources gouvernementales aux niveaux inférieurs les rendra tout simplement plus susceptibles d'être influencées et contrôlées par les intérêts privés. Voilà le fait principal. Cela relève de la même antipolitique : on veut affaiblir le gouvernement fédéral.

À vrai dire, cela n'est vrai qu'à moitié. Le gouvernement fédéral n'est pas en voie d'affaiblissement. Il est simplement en train de changer. Le système de sécurité est en croissance, non seulement le Pentagone, mais même le système de sécurité interne, les prisons, etc. Cette partie du gouvernement est en croissance, et pas uniquement pour des motifs de contrôle, bien que ce soit en partie le cas. C'est aussi parce que c'est un moyen parmi d'autres de transférer des ressources aux riches, chose qui n'est presque jamais discutée. En fait, elle ne figure presque pas à l'ordre du jour, à moins que vous ne lisiez la presse d'affaires. Mais elle est de la plus haute importance. Elle devrait faire l'objet d'un article de première page tous les jours. Elle est désormais si évidente qu'il est difficile de ne pas la voir. Les Russes sont disparus, mais le Pentagone ne change pas. En fait, il est même en croissance. On nous a raconté pendant cinquante ans, ce qui a toujours été ridicule, que nous avions besoin de ce colosse militaire pour nous défendre contre les Russes. À quel point peut-on être stupide, et à quel point peut-on être endoctriné ? Ne pose-t-on jamais de questions sur ce qui s'est passé ? Ce qui s'est passé, c'est que le Pentagone est là pour les mêmes raisons qu'il l'a toujours été. Autrement, comment les riches électeurs de Newt Gingrich vont-ils rester riches ? Vous ne pouvez évidemment pas les soumettre à la discipline du marché. Ils vendraient des guenilles. Ils ne sauraient pas ce que cela signifie que de survivre dans un marché. Ce qu'ils savent, c'est que le gouvernement met de l'argent dans leur poches, et cela essentiellement par le biais de l'ensemble du système du Pentagone. Le système de sécurité criminelle commence à son tour à prendre cette allure. Il n'a pas atteint l'échelle du Pentagone, mais il a atteint une échelle suffisante pour que les grosses maisons de placement et même les industries de pointe et de la défense soient attirées par la perspective de se faire nourrir par une autre vache à lait publique. Ça, c'est en voie d'augmentation. Le problème n'est donc pas que le gouvernement s'affaiblisse.

Cet effort poursuivi de manière soutenue et avec succès pendant de fort nombreuses années pour amener les gens à concentrer leurs craintes, leurs colères et leur haine sur le gouvernement a donc produit ses effets. Nous savons tous qu'il y a là beaucoup de choses à déplorer. La principale est qu'il n'est pas sous l'influence du peuple. Il est sous l'influence des pouvoirs privés. C'est de cela dont on devrait s'inquiéter le plus.

Mais s'en occuper en confiant plus de pouvoirs à des puissances privées qui n'ont pas à répondre de leurs actes dépasse l'absurde. C'est un véritable exploit que les gestionnaires doctrinaux soient parvenus à réussir cela.

Rappelez-vous « Animal Farm » *d'Orwell: Deux pieds, c'est mauvais, quatre pieds, c'est bon. Secteur public, c'est mauvais, secteur privé, c'est bon. C'est à peu près ce qui se produit actuellement.*

C'est plutôt intrigant. Les économistes savent qu'il s'agit pour l'essentiel de balivernes. Mais ils n'en parlent pas, sauf entre eux. Regardez les mantras de près, par exemple « Secteur public, c'est mauvais », qu'est-ce que cela signifie ? Y a-t-il des preuves que c'est une bonne idée de privatiser? C'est simplement quelque chose que vous répétez parce que cela vous a été enfoncé dans la tête. Bien sûr, la privatisation rend les choses plus efficaces. Mais est-ce vrai ? Il y a des précédents. Regardons par exemple le Mexique. Ce que la privatisation a accompli, c'est d'accroître rapidement le nombre de millionnaires et d'accélérer le déclin des salaires réels et des conditions sociales. A-t-elle amélioré les choses ? Eh bien, oui, pour 24 milliardaires. Vous pourriez objecter que le Mexique est un pays corrompu du tiers monde. Alors prenons le cas de l'Angleterre, qui a quelques pas d'avance sur nous sur la voie de la privatisation. Sous Thatcher on a privatisé le système d'eau. C'était un service public, et aujourd'hui il est privatisé. Que s'est-il passé ? Vous pouvez même lire sur le sujet en première page du *Financial Times*. Vous n'avez plus besoin d'aller chercher d'obscures publications. Or, on est plutôt furieux. Ce qui s'est passé, c'est que les profits ont crevé le plafond, les prix sont montés en flèche et le service s'est gravement détérioré. En fait, tôt ou tard, dans un avenir pas très lointain, on entendra les propriétaires privés affirmer qu'il n'est pas rentable d'acheminer l'eau aux petites communautés ou à celles qui sont éloignées. Ce que les gens devraient faire, c'est de se rendre à une pompe au centre du village et porter l'eau avec un seau. En effet, n'importe quel économiste intelligent pourra démontrer que cela est plus rentable et améliore le PNB et que c'est le meilleur moyen de répartir les ressources. Bien sûr, c'est ça la privatisation.

Les entreprises privées, pour des motifs qui ne sont pas obscurs, n'ont pas pour finalité de faire œuvre d'humanitarisme. Elles ont pour finalité d'accroître leurs profits et leur part de marché. En général, cela est tout à fait néfaste à l'ensemble de la population. Peut-être que cela donnera bonne apparence à certains chiffres. Peut-être que cela créera ce que l'on appelle un « miracle économique », ce qui signifie que c'est formidable pour les investisseurs et meurtrier pour la population. Pourtant, il n'y a aucune raison de croire que c'est une bonne chose. Ce que l'on dit, c'est « Regardez l'inefficacité et la corruption des institutions publiques », ce qui est vrai. Mais les entreprises privées sont-elles meilleures ? Les preuves allant en ce sens sont, pour autant que je sache, inexistantes. Ce que l'on peut faire remarquer, et cela est exact, c'est que les ensembles industriels publics comme l'industrie brésilienne de l'acier étaient souvent déficitaires. Mais cette perte d'argent était un moyen parmi d'autres de subventionner l'industrie privée. Ainsi, si vous maintenez les prix de l'acier artificiellement bas, ceux qui utilisent l'acier en profiteront, malgré que le système fonctionne à perte.

En revanche, si vous considérez l'effet sur l'ensemble de l'économie, la question est beaucoup plus complexe, et je ne crois pas qu'il existe une réponse unique. Dans certains cas l'industrie privée a été efficace, et parfois même utile à la population, ce qui est tout autre chose que d'être inefficace; en fait, cela n'a souvent rien à voir. Elle a parfois été bénéfique, et souvent elle ne l'a pas été. Cela dépend des circonstances, de facteurs qu'on ne comprend pas très bien. Mais l'idée que d'une manière ou l'autre la privatisation améliore automatiquement les choses est absurde.

Plus tôt cette année, en Australie, vous avez affirmé que vous vous sentiez dans une situation quelque peu insolite quant à votre philosophie politique. Vous défendez la notion d'État et le rôle de l'État et vous soutenez que l'État a un rôle actif à jouer pour protéger les intérêts de la population.

C'était au cours d'une allocution à l'occasion d'une conférence anarchiste. J'ai signalé une chose qui me paraît vraie, à savoir que nos objectifs et nos visions sont souvent en conflit direct. Les visions concernent le long terme, ce que nous souhaitons réaliser au bout de la route. Mais si nous entendons par objectifs ce que nous tentons de réaliser demain, souvent ceux-ci semblent en conflit avec les visions à long terme. Mais ce n'est pas réellement un conflit. Or je crois que nous sommes présentement dans une telle situation. J'estime qu'à long terme le pouvoir politique centralisé devrait être éliminé et dissous et transféré finalement au niveau local, pour déboucher sur le fédéralisme, sur des associations et ainsi de suite. Bien sûr, voilà ma vision à long terme. Par contre, je souhaite pour l'immédiat que le gouvernement fédéral soit renforcé. La raison en est que nous vivons dans ce monde-ci, et non dans quelque autre monde. Et il se trouve que dans ce monde il y a d'énormes concentrations de pouvoir privé qui se rapprochent autant de la tyrannie et du totalitarisme que tout ce que les humains ont imaginé jusqu'ici. Elles disposent de pouvoirs extraordinaires, car elles n'ont pas à rendre des comptes au public. Il n'y a qu'un moyen de défendre les droits acquis et d'étendre leur portée devant ces pouvoirs privés, c'est de soutenir la seule forme de pouvoir illégitime qui se trouve à être quelque peu sensible au public et que celui-ci peut réellement influencer. Vous vous retrouvez donc en train de soutenir le pouvoir d'État centralisé bien que vous vous y opposiez. Les gens qui croient qu'il y a là une contradiction ont tout simplement mal réfléchi à la question.

Il y a deux visions du rôle du gouvernement. En 1787 James Madison considérait que son rôle était de « protéger la minorité des opulents contre la majorité ». En 1937 Roosevelt a déclaré : « La pierre de touche du progrès de notre nation ne consiste pas à rajouter à l'abondance de ceux qui ont beaucoup. Elle consiste à pourvoir suffisamment aux besoins de ceux qui ont peu. » Manifestement une de ces visions est dominante aujourd'hui. Pourquoi ? Dans le cas de Madison il faut être un peu plus prudent. C'était en effet le thème principal de Madison, et c'est cela que l'on devrait apprendre à l'école élémentaire, car cette vision l'a en fait emporté. La Constitution a été formulée en termes madisoniens. Mais son argument était plus complexe. Il était fortement opposé à la démocratie et il avait mis en garde contre elle. En parlant de l'Angleterre, qui était le modèle de l'époque, il a dit ceci. Si ces gens avaient la démocratie là-bas le peuple se rassemblerait et s'emparerait des domaines des propriétaires terriens ; il utiliserait ces propriétés pour lui-même au lieu de permettre aux riches et aux puissants de les conserver. De toute évidence, donc, nous ne pouvons avoir la démocratie. Nous ne voulons pas que quelque chose comme cela se produise ici. La démocratie est donc une chose mauvaise. La responsabilité première du gouvernement est de protéger la minorité des opulents contre la majorité, et nous devons instituer le système constitutionnel en conséquence.

Mais il y a un thème caché ici. Ce thème, c'est que Madison est un pré-capitaliste. Le capitalisme en était qu'à ses débuts et il y était fondamentalement opposé. Son idée était que la minorité opulente agirait en aristocrates bienveillants, en gentilshommes s'asseyant pour lire de la philosophie et se comportant en véritables conservateurs dans un sens vieilli, un sens qui n'existe pas aux États-Unis : des conservateurs dans le sens européen, éclairés et bienveillants. Ils auraient ainsi agi en tyrans bienveillants. Cela n'est donc pas incompatible avec ce qu'a dit Roosevelt, abstraction faite de la structure institutionnelle.

Mais Madison a rapidement constaté que les choses ne se sont pas passées ainsi. Quelques années plus tard, il condamnait amèrement le système qu'il avait créé et parlait de l'« audacieuse dépravation de l'époque » à mesure que la classe montante des hommes d'affaires devenait les « outils et tyrans » du gouvernement, l'écrasant de sa force et profitant de ses cadeaux. Cela décrit assez bien ce qui se passe aujourd'hui. Ça, c'était dans les années 1790. Quand il a vu que la minorité des opulents n'agissait pas en sympathiques aristocrates bien élevés ni en philosophes des Lumières veillant à ce que tout le monde soit en bonne santé et heureux, il a été outré et furieux. N'empêche que l'image qu'il a présentée, extraite du contexte dans lequel il la comprenait, a été l'image dominante ; aujourd'hui elle domine de manière écrasante.

Cela n'a d'ailleurs rien de nouveau. Les années 1920 n'étaient pas tellement différentes, ni la fin du siècle dernier.

N'est-il pas vrai qu'un des dogmes de l'économie et de la philosophie conservatrices classiques est une antipathie envers la concentration du pouvoir, envers les monopoles ? Pourtant ces « entrepreneurs », si vous voulez, qui s'appellent eux-mêmes des conservateurs, prônent des politiques qui accélèrent la concentration.

Ce que nous appelons conservatisme, ce qui s'appelait libéralisme — les termes prêtent à confusion — le libéralisme classique s'opposait fortement à la concentration du pouvoir. Mais pas ce que nous appelons aujourd'hui libéralisme, dont les adeptes se qualifient de « conservateurs ». Ces termes ont changé tout à fait de sens, s'ils en ont jamais eu. Les Adam Smith et Thomas Jefferson, les fondateurs intellectuels de ce à quoi les gens rendent hommage mais ne comprennent pas ou ne veulent pas comprendre, ces hommes étaient certainement opposés à la concentration du pouvoir. Il est vrai que les gens qui se qualifient aujourd'hui, mettons, de libertaires, quelles que soient leurs pensées, prônent en fait une concentration extrême du pouvoir. En fait ils préconisent certains des systèmes les plus totalitaires sous lesquels les humains n'aient jamais souffert. Là n'est pas leur intention, bien sûr. Mais si vous lisez Adam Smith, vous trouverez qu'un des arguments en faveur du marché est que celui-ci mènerait à une parfaite égalité, l'égalité de condition et non seulement d'opportunité. Comme Madison il était pré-capitaliste et anti-capitaliste et s'enracinait dans les Lumières ; lui aussi avait une tout autre vision de la manière dont les choses auraient dû évoluer. On peut certes se demander si son argument était valide. Nous ne le savons pas réellement, d'un point de vue expérimental, parce que cet argument stipulait que dans des conditions de parfaite liberté un marché mènerait à l'égalité de condition, alors que, bien sûr, nous sommes à des années-lumière d'une telle situation. Mais cela mis à part, quoi que vous pensiez de la validité de son argument, son objectif est clair. Oui, les libéraux classiques, les Jefferson et les Smith s'opposaient aux concentrations de pouvoir qu'ils voyaient autour d'eux, comme le système féodal, l'Église et la royauté. Ils estimaient qu'elles devaient être dissoutes. Ils ne voyaient pas au départ d'autres formes de concentration de pouvoir qui ne se sont développées que plus tard, et lorsqu'ils les ont vues, celles-ci ne leur ont pas plu. Jefferson est un bon exemple. Il s'opposait fortement aux concentrations de pouvoir qu'il voyait se développer, et il a prévenu que les institutions bancaires et les sociétés industrielles qui n'en étaient encore qu'à un stade embryonnaire de son vivant détruiraient les accomplissements de la Révolution. Comme je l'ai déjà mentionné, en l'espace de quelques années Madison avait déjà commencé à exprimer de sérieux doutes sur ce qu'il avait conçu et créé.

Il y a ici des illusions qu'il faut dissiper de fond en comble. Considérez, mettons, David Ricardo, qui en réalité représente beaucoup plus le parrain de l'économie néolibérale contemporaine qu'Adam Smith, qui était pré-capitaliste. Jetez un coup d'œil sur sa fameuse loi des avantages comparés, que nous sommes censés vénérer. Elle est valable en gros selon ses prémisses, mais celles-ci supposent que le capital soit essentiellement immobile, en partie parce que le capital se fondait alors sur la terre et que la terre est immobile, mais en partie pour d'autres raisons. Il pensait en effet que le capital serait peu mobile parce que les capitalistes sont des gens gentils qui se soucient des gens dans leur entourage ; ils ne vont donc pas déplacer leur capital à l'autre bout du monde, car cela ferait du mal aux gens de leur communauté et de leur pays, alors que, bien entendu, ils se préoccupent beaucoup de leur sort. Il s'agit là encore d'une pensée pré-capitaliste. Mais selon l'idéologie capitaliste c'est une monstruosité : vous n'êtes pas censé vous préoccuper d'autre chose que de maximiser votre richesse. Ricardo reflétait ainsi au début du dix-neuvième siècle le résidu de l'ère pré-capitaliste, tout au moins en partie. Il constitue néanmoins un mélange intéressant.

Tous les aspects humains propres aux Lumières ont été évacués, et avec raison, car la logique de l'entreprise capitaliste est qu'il ne faut pas avoir de sentiments humains. Vous devez seulement essayer de maximiser votre richesse et votre pouvoir. De toute façon, l'idée que les entrepreneurs capitalistes aient jamais pensé qu'ils devaient être soumis à la discipline du marché est ridicule. Il faut utiliser le pouvoir de l'État autant que possible. Voilà encore quelque chose qui est connu des historiens économiques, mais ceux-ci ne considèrent pas vraiment les choses de manière globale. Il existe par exemple de bonnes études qui démontrent de manière convaincante qu'au cours de l'histoire des États-Unis la croissance économique du pays est étroitement corrélée à son niveau extrêmement élevé de protectionnisme. Pendant la période de plus forte croissance à la fin du dix-neuvième siècle, les tarifs ici étaient cinq ou dix fois plus élevés que dans la plupart des pays européens, ce qui était excellent pour l'économie américaine. Et cela est vrai pour toutes les sociétés développées.

Mais ces considérations sont nettement insuffisantes, car il existe d'autres facteurs que vous ne considérez pas si vous êtes économiste, puisque c'est le domaine d'un autre. Ainsi, une des raisons pour lesquelles la Révolution industrielle a si bien réussi en Angleterre et aux États-Unis est le fait que le coton était bon marché. Qu'est-ce qui l'a rendu bon marché ? L'extermination ou l'élimination de la population indigène et l'importation d'esclaves. Ça, c'est une intervention plutôt décisive du gouvernement dans le marché, et plus qu'une légère distorsion du marché. Mais cela ne compte pas. Or les mêmes historiens économiques admettent toutes sortes de mythes sur la manière dont les pays développés ont utilisé l'intervention de l'État. Ils affirment que le protectionnisme est disparu aux États-Unis après 1945, lorsque ceux-ci se sont tournés vers l'internationalisme libéral. Il y avait en effet des pressions pour réduire les tarifs. Mais il n'est pas tout à fait vrai que le protectionnisme est disparu. Les reaganiens ont quasiment doublé diverses formes de protection.

Mais même si nous admettions que le protectionnisme n'a pas été aboli, cela serait largement à côté de la question. Il y a en effet une autre forme d'intervention de l'État qui s'est développée dans l'économie, une forme massive, mais cela n'est pas du ressort des économistes. Il s'agit en l'occurrence de l'ensemble du système du Pentagone, dont le rôle presque exclusif a été de canaliser les ressources publiques vers des secteurs avancés de l'industrie — en fait il a été conçu en grande partie à cette fin. Ça, on en parle dans un autre département universitaire.

Si vous rassemblez tout cela, vous découvrez que les doctrines du marché constituent principalement des armes servant à assommer les gens sur la tête. Mais nous, nous ne les respectons pas. Or lorsque vous regardez les fondateurs tels qu'ils étaient, vous voyez qu'ils avaient toutes sortes d'idées différentes sur le marché. Ils sont issus d'une tradition réellement conservatrice, aujourd'hui disparue, qui s'enracinait dans les Lumières et les institutions de l'époque et qui se souciait de choses comme la sympathie, la solidarité et les soins bienveillants, souvent de manière très autocratique. Tout cela a volé en éclats sous l'impact d'une espèce d'idéologie capitaliste hypocrite qui prône le capitalisme pour vous, mais la protection pour moi.

Vous vous êtes en quelque sorte fait un nom dans le domaine de la linguistique et du langage. Or il est intéressant de constater à quel point la voix passive est utilisée sur la scène politique actuelle. Il y a eu par exemple dans le numéro du 16 octobre du New Yorker *un article sur l'inégalité des revenus qui est farci d'exemples à cet égard. L'inégalité survient, il n'y a pas d'agents. Il n'y a pas de voix active. Les gens deviennent de plus en plus pauvres. Personne ne les rend pauvres, cela arrive tout seul.*

Ou bien « des gens ont été tués », et non « nous les tuons ». C'est tout à fait typique. En fait, c'est ce qu'il y a de bien avec la voix passive et autres procédés de ce genre. Ils donnent l'impression que les choses se produisent sans agent, ce qui est très utile lorsque l'agent ne doit pas être identifié parce que cela se passe trop près de chez nous. Presque toutes les discussions sur l'agression et la terreur s'expriment de cette manière. Vous avez raison, maintenant, l'idée c'est que quelque chose d'étrange se produit dans l'économie qui engendre l'inégalité. Peut-être l'automatisation ou le commerce. Personne ne le sait vraiment, et nous n'y pouvons rien.

Or il s'agit là de décisions sociales. Elles sont très faciles à retracer. On sait qui prend les décisions et pourquoi. Pas exactement, certes, mais on sait certainement dans une très large mesure pourquoi ces choses se produisent. On sait identifier les facteurs à l'œuvre. On peut voir que ces événements ne sont aucunement inévitables. Il y a par exemple des gens qui disent des choses tout à fait sensées à propos de l'automatisation et de la fin du travail. Il y a là un véritable problème. Les gens ne trouveront pas de travail parce que les robots feront peut-être leur travail un jour. Mais bien que je sois d'accord avec cela si l'on restreint à l'extrême les termes de la discussion, d'une manière générale cela est tout à fait faux. Promenez-vous à travers Boston ou toute autre ville et regardez s'il n'y a pas des endroits où il y a du travail à faire. Jetez ensuite un coup d'œil sur ceux qui sont désœuvrés et demandez-vous : « N'aimeraient-ils pas faire ce travail ? » La réponse est oui dans les deux cas. Il y a des masses de travail à accomplir et des tas de gens qui aimeraient faire ce travail. C'est tout simplement que le système économique est une catastrophe si grotesque qu'il ne peut même pas réunir les mains inoccupées et le travail nécessaire, ce qui serait valorisant pour ces personnes et bénéfique pour nous tous. C'est le symptôme d'un système en faillite, le plus dramatique des symptômes. Le travail n'est pas quelque chose auquel on devrait tenter de se soustraire ou auquel les gens ordinaires voudraient échapper. C'est quelque chose que vous voulez faire parce que c'est épanouissant et créateur. Et il y en a beaucoup à faire. Mais il ne se fait pas en raison des graves lacunes du système socio-économique.

Dans un récent article du Covert Action Quarterly *vous écrivez que « les termes du discours politique ont été pratiquement privés de signification ». Nous avons parlé du terme « conservateur », par exemple. Comment peut-on lui redonner son sens ? Est-ce souhaitable ?*
Bien entendu. L'évacuation du contenu des termes du discours est un procédé très utile pour abrutir les gens. S'il est impossible de parler de quoi que ce soit, alors vous les avez sous contrôle. Or il y a des choses dont nous devrions être capables de parler avec des mots simples et ordinaires. Il n'y a rien ici de bien profond, pour autant que je sache. Et si le contraire était vrai, personne ne l'a découvert. Nous devrions être capables de parler de ces choses avec des mots et des phrases simples et clairs sans détours et sans faire appel à quelque expert pour essayer de les rendre compliquées pour quelque autre raison. Je ne prône pas l'anti-intellectualisme. Il y a des choses à apprendre, et elles méritent d'être apprises, mais les sujets dont nous parlons ici ne relèvent pas de la mécanique quantique. Quiconque

s'y intéresse peut se renseigner à leur sujet et les comprendre suffisamment pour se comporter de manière rationnelle dans des structures où l'on peut prendre par soi-même des décisions importantes. Nous devrions veiller à protéger le discours signifiant des attaques qu'il subit de tous côtés. Je dois ajouter qu'une bonne partie de ces attaques proviennent de la gauche. Il faudrait par exemple protéger les discussions sensées contre tout ce qui renferme le préfixe « post ».

Dans ce même article vous écrivez à propos de l'« accélération de la politique délibérée consistant à diriger le pays vers le modèle du tiers monde, avec des secteurs très privilégiés, un nombre croissant de personnes s'enfonçant dans la pauvreté ou une misère réelle et une population superflue confinée aux bas quartiers ou expulsée vers le système carcéral, en expansion rapide ». Je crois que cela résume bien la situation actuelle, mais les politiques sociales qui engendrent ces conditions ne sont-elles pas un aiguillon pour la révolte et le soulèvement?

Parfois oui, parfois non. Les sociétés esclavagistes peuvent perdurer longtemps. Il ne faudrait pas croire que de tels procédés n'ont jamais été mis à l'essai dans les pays industrialisés. Prenez, mettons, l'Angleterre tout juste à l'époque de Ricardo, dans les années 1820, lorsqu'un système très semblable à celui qu'on tente d'imposer aujourd'hui avait été imposé, à vrai dire pour la première fois, dans un pays industrialisé. Les dirigeants sont arrivés à leurs fins. Ils se sont emparés du pouvoir politique au milieu des années 1830 et ont assez rapidement mis en œuvre le programme qu'ils voulaient, lequel n'était pas très différent de ce que l'on prêche aujourd'hui (dans un monde différent, bien entendu). Il y a certes eu des problèmes. L'armée britannique passait en effet l'essentiel de son temps à réprimer des émeutes. Mais peu de temps après on a commencé à s'organiser : le mouvement chartiste est né, ainsi que le mouvement syndical.

Au milieu du dix-neuvième siècle, les économistes classiques qui avaient tourné en dérision l'idée d'aider les gens — car aider les gens leur fait du tort — avaient changé leur fusil d'épaule. Lisez des auteurs comme Nassau Senior, un des vieux faucons de l'économie politique. Il en est venu à dire qu'il y avait là matière à réflexion. Vient ensuite John Stuart Mill vers 1848. C'est le fondement de l'État-providence moderne. Pendant longtemps le terme laisser-faire était en défaveur. Pourquoi ? Parce que, en un mot, les riches et les puissants et leurs intellectuels, les économistes, disaient aux gens : « Vous n'avez pas le droit de vivre. Vous avez droit à ce que vous gagnez sur le marché du travail, mais vous n'avez pas quelque autre droit de vivre, et toute tentative de vous aider vous fera du tort. » Bientôt ces gens étranges ont commencé à comprendre : « Nous n'avons peut-être pas le droit de vivre, selon vous, mais vous n'avez pas le droit de gouverner. Alors nous allons tout simplement prendre les choses en main et vous évincer. » Voilà qui va un peu trop loin. La science, telle qu'on l'appelait et qu'on l'appelle encore, était très flexible. Ricardo avait comparé la science de l'économie aux lois de Newton, mais il s'est avéré qu'il n'en était pas tout à fait ainsi. Lorsqu'elle a cessé d'être utilisable comme arme de la guerre des classes, elle a tout simplement changé. Tout d'un coup on s'est dit: « Bien sûr, vous avez le droit de vivre et nous devons nous adapter à vos demandes, parce que sinon nous n'aurons pas le droit de gouverner. »

Quant à savoir comment on va s'organiser aujourd'hui... cela a déjà commencé à prendre forme. Il se trouve que ce sont des formes très antisociales, qui traduisent des facteurs sociaux et culturels. Mais il n'est pas nécessaire qu'il en soit ainsi. Comme je l'ai déjà mentionné, à l'extrême opposé de notre hémisphère, à Haïti, sont apparues des formes très constructives. Si les choses ne s'organisent pas de manière constructive ici, c'est notre faute. Nous n'avons que nous-mêmes à blâmer.

Supposons que vous soyez PDG d'une grande entreprise. N'est-il pas dans votre intérêt économique de veiller à ce que j'aie assez d'argent dans mes poches pour acheter vos produits?

C'est une question intéressante, et personne n'en connaît la réponse. Cette question avait une réponse dans une économie nationale. Si nous revenons aux années 1920, à l'époque du grand boum de fabrication d'automobiles, c'est la question qu'avait posée Henry Ford. Il a tiré la conclusion que vous venez de tirer. Il s'est dit: « J'ai intérêt à donner un salaire décent à ces types, sinon personne n'achètera mes voitures. » Il a alors augmenté les salaires des travailleurs au-delà du niveau que lui dictaient les pressions du marché. Et d'autres ont fait de même. Il suivait le raisonnement que vous venez d'esquisser, et c'était plutôt logique dans une économie nationale.

Est-ce logique dans une économie internationale? Est-ce logique dans une économie internationale où vous pouvez déplacer la production dans les régions les plus pauvres, les plus démunies et les plus déprimées, où vous avez des forces de sécurité qui gardent les gens sous contrôle, où vous n'avez pas à vous soucier des conditions environnementales, où vous avez beaucoup de femmes quittant massivement les fermes pour aller travailler dans des conditions impossibles — femmes qui meurent brûlées dans des feux d'usine, qui meurent par excès de travail et qui sont simplement remplacées —, et où, enfin, la production est ensuite intégrée au système global, tout cela de manière à ce que la valeur soit ajoutée là où vous avez des travailleurs qualifiés que vous payez un peu plus mais qui sont peu nombreux? À la fin, la production est vendue aux gens riches dans toutes les sociétés.

Même dans le pays le plus pauvre du tiers monde il y a une très riche élite. Prenez ce type de modèle structurel du tiers monde et transférez-le aux pays riches — il s'agit d'un modèle structurel, ce n'est pas en termes absolus —, il y aura une tranche de consommateurs d'ampleur non négligeable. Et cela, même s'il y a énormément de gens superflus, de gens en prison, de gens qui souffrent et même de gens qui souffrent de la faim. Alors la question qui se pose est la suivante: « Cela peut-il fonctionner? » Théoriquement, personne ne connaît vraiment la réponse. De toute façon cela ne fait aucune différence. Car nous ne devrions même pas nous permettre de la poser. L'important, que cela puisse fonctionner ou non, c'est que c'est une monstruosité absolue. Le fascisme fonctionne aussi. En fait il a fonctionné plutôt bien d'un point de vue économique. Il a même réussi fort bien. Cela ne veut pas dire que ce n'est pas une monstruosité. Il y a donc la question théorique, cela fonctionnera-t-il ? Personne n'en connaît la réponse. Mais il y a aussi une question humaine, qui consiste à savoir si nous devrions même nous la poser. Et la réponse à cela est, « bien sûr que non ». Ce n'est pas la question du PDG, mais ce devrait être celle de tous les autres.

Qu'en est-il du problème de la dette utilisée comme tactique pour imposer aux États-Unis une espèce d'ajustement structurel de facto ?

Il y a beaucoup à dire là-dessus. Pour l'essentiel vous avez raison. Mais ce que l'on dit à propos de la dette, ce sont le plus souvent des absurdités. La seule chose qui soit vraie, et qui est cachée là derrière, c'est que c'est une arme pour réduire les dépenses sociales. En fait, il est très vraisemblable qu'elle fut créée à cette fin. Une bonne partie de la dette est celle de Reagan. Si vous revenez en arrière, vous verrez que c'était évident à l'époque. Et je crois qu'il devient de plus en plus évident que sa politique folle d'emprunt et de dépense, qui a sensiblement accru la dette — quelque chose comme quatre-vingts pour cent de celle accumulée pendant quelques siècles — a été conçue, et est aujourd'hui utilisée très efficacement, comme arme pour retrancher les composantes du gouvernement qui aident la population en général, tandis qu'on accroît par ailleurs les dépenses pour les parties du gouvernement qui profitent aux très riches, comme le système du Pentagone.

3 novembre 1995

Pour continuer là où nous avons laissé les choses l'autre jour, peut-être devrions-nous établir une distinction entre ce que l'on appelle la « dette » et le déficit.
Ce n'est qu'une différence d'ordre technique. Le déficit est une comptabilisation d'une année à l'autre du rapport annuel entre les revenus et les dépenses. La dette, c'est ce qui s'est accumulé au cours du temps. Si le déficit reste élevé, la dette continuera à croître. Si le déficit est négatif, alors la dette diminuera.

Vous avez dit qu'on laisse de côté beaucoup de choses dans les discussions à propos de la dette. Par exemple ?
Je dois dire qu'elles ne sont pas laissées de côté dans les écrits des économistes professionnels sérieux comme Robert Eisner, qui a réalisé certains des meilleurs travaux sur le sujet. Mais elles sont exclues du débat public. Un premier point, c'est que la dette, bien qu'élevée (elle s'est certainement accrue de manière substantielle au cours des années Reagan), ne se situe néanmoins pas à un niveau élevé en termes comparatifs ou historiques. Ainsi, elle a souvent été plus élevée dans le passé, et elle l'est dans d'autres pays. « Élevée » veut dire, relativement à l'ensemble de l'économie, au PNB ou au PIB selon la mesure utilisée. Relativement à cela, donc, elle n'est pas élevée.

Le deuxième point est que les dettes font simplement partie de la vie. Il n'y a pas d'entreprise qui ne soit endettée. Vous empruntez, par exemple, pour des investissements de capitaux. Presque chacun d'entre nous est endetté, sauf s'il cache son argent sous le matelas. Presque tout le monde qui a une voiture ou une maison, qui envoie ses enfants au collège ou qui fait quoi que ce soit est endetté. Il n'y a rien de mal à cela. Si vous ne l'étiez pas vous n'auriez ni maison, ni voiture, ni téléviseur. Vous ne pourriez pas acheter des choses avec votre carte MasterCard. Vos enfants n'iraient pas au collège. L'endettement, c'est tout simplement la manière dont fonctionne le système.

Un troisième point, c'est que les calculs relatifs au gouvernement fédéral sont dépourvus de signification parce qu'on ne fait pas la distinction entre la partie de la dette qui sert aux investissements de capitaux, et qui contribue donc à la croissance économique et, en fait, aux revenus futurs du gouvernement et de tous, et la partie de la dette correspondant uniquement aux frais d'exploitation. Chaque entreprise fait cette distinction. La plupart des États font cette distinction. Si vous ne la faites pas vous n'êtes que dans un monde illusoire.

Ainsi, toute la discussion est d'emblée hors de propos. La question à poser est : « À quoi sert la dette ? » Prenez une famille quelconque. Si elle va à Las Vegas, y dépense tout son argent, se retrouve endettée et utilise cette dette pour retourner à Las Vegas, c'est un mauvais emploi de la dette. Si vous utilisez une dette équivalente pour une maison, une voiture ou l'éducation de vos enfants ou pour investir dans une entreprise ou acheter des livres, alors cela pourrait être une créance utile, voire très constructive. En fait, en ne tenant pas compte de ce qu'elle fait pour vous en tant que personne et en s'en tenant aux considérations économiques les plus strictes, les plus étroites, elle peut contribuer à accroître les revenus. C'est exactement pour cela que les entreprises s'endettent et que les particuliers le font. C'est une des raisons. Pour une entreprise c'est presque la seule raison. Pour les particuliers, il y a beaucoup de bonnes raisons pour s'endetter.

Lorsque vous considérez le gouvernement, vous devez poser la même question : à quoi sert l'emprunt ? S'il s'agit de mettre beaucoup d'argent dans les poches des riches électeurs de Newt Gingrich, ce qui est en fait le cas, c'est comme aller à Las Vegas et gaspiller votre argent. Si, en revanche, la même dette est utilisée pour améliorer ce que l'on appelle le capital humain, ce qui veut dire aider les enfants à être en meilleure santé, mieux instruits, mieux formés et ainsi de suite — il faut tout exprimer en termes du mot « capital » pour être pris au sérieux, bien que cela ne soit pas sérieux ; on parle donc de « capital humain », ça fait partie de notre folle idéologie actuelle — bref, si cette dette est utilisée pour du capital humain, quel que soit le critère employé, c'est une créance utile. Elle accroîtra par exemple la croissance économique, car l'amélioration du capital humain — la Banque mondiale vous le dira — est un des moyens normaux d'augmenter la croissance économique. Ce qui déterminera en bonne partie la qualité de la vie dans un proche avenir — supposons que vous soyez inquiets à propos de vos enfants —, c'est le fonctionnement de l'économie. Cela déterminera dans une large mesure ce que seront leurs vies. Ce n'est pas le seul facteur, bien sûr, mais tenons-nous en à cela. Leur avenir sera donc tributaire de questions comme celles-ci : y aura-t-il une population instruite, en santé et qualifiée capable d'accroître la productivité et de faire des choses utiles, y aura-t-il un environnement supportable, de sorte que vous ne tombiez pas sur le plancher et ne succombiez pas à cause de la pollution ? Ou y aura-t-il une infrastructure, de sorte que vous puissiez vous rendre au travail sans passer trois heures dans un embouteillage, y aura-t-il des écoles, des hôpitaux ? — c'est tout cela qui contribue à la croissance économique dans le sens le plus étroit.

L'égalité relative contribue d'ailleurs aussi à la croissance économique, mais les problèmes de cet ordre sont mal compris. Considérons la périphérie du système. La Banque mondiale reconnaît qu'un des facteurs, probablement le facteur principal, qui a engendré la croissance de l'Est asiatique est la conjonction d'une relative égalité, de dépenses élevées pour l'infrastructure et d'investissements dans l'éducation. Cela relève en quelque sorte du bon sens, et l'histoire le démontre. Ainsi, si les dépenses publiques sont utilisées à ces fins, elles contribuent au bien-être des générations futures ; l'endettement est alors très judicieux et favorise en fait la croissance.

L'idée que, d'une manière ou l'autre, nous imposons aux générations futures un fardeau avec la dette est quelque peu frauduleuse. Car la dette appartient surtout à des Américains. Les derniers chiffres que j'ai vus montrent qu'environ quatre-vingts pour cent de la dette appartient à des Américains, ce qui signifie que le remboursement de la dette retourne dans les poches de citoyens américains. Vous pourriez faire valoir que cela a un effet très négatif quant à la redistribution. C'est probablement vrai. Je ne sais pas s'il y a quelqu'un qui connaisse les chiffres, mais il va de soi que les gens qui possèdent des titres du Trésor ne sont pas des chauffeurs de taxi. Pour l'essentiel, donc, la dette est semblable à d'autres instruments de politique sociale, c'est-à-dire qu'elle est une technique au moyen de laquelle les pauvres paient les riches. Mais c'est à l'intérieur même du pays. Il ne s'agit pas d'imposer un fardeau à vos enfants, sinon dans le sens que l'ensemble du système régressif impose un fardeau à vos enfants parce qu'ils feront toutes sortes de choses pour payer les riches. Payer des dettes en est une. Mais le leitmotiv de Gingrich sur la nécessité d'épargner les générations futures n'est pas seulement ridicule, c'est le contraire de la vérité. En diminuant les dépenses gouvernementales du genre de celles auxquelles on s'attaque, on réduit la croissance économique future et on rend la vie plus difficile pour la prochaine génération, précisément pour les raisons que j'ai mentionnées.

Voilà des choses dont il faut sérieusement tenir compte lorsqu'on parle de la dette et du déficit annuel.

Un autre facteur est lié à ce que le public pense de tout cela. Le milieu des affaires est tout à fait favorable à la diminution des acquis sociaux. Il l'est dans une majorité écrasante, même ses composantes qui en pâtiront. C'est plutôt intéressant. Car, apparemment, son intérêt de classe domine largement l'intérêt pour des profits immédiats. Ainsi, l'intérêt de classe consistant à démanteler tous les programmes sociaux, à s'assurer que le gouvernement ne travaille que pour les riches, à détruire l'appareil réglementaire et à accroître les possibilités de la criminalité des entreprises, car c'est cela que signifie la transformation du système de responsabilité civile délictuelle et de l'appareil réglementaire, tout cela est si formidablement profitable que le secteur privé est disposé, dans une certaine mesure, à assumer les coûts d'une réduction des services gouvernementaux pour les riches.

Mais, je dois dire, jusqu'à un certain point seulement. Regardez la *National Association of Manufacturers* (association nationale de fabricants), vous constaterez qu'elle réclame plus d'assistance gouvernementale, par exemple pour la promotion des exportations, ce qui veut dire mettre de l'argent dans ses poches. Newt Gingrich ne réclame pas la réduction du système du Pentagone, qui met de l'argent dans les poches de ses riches électeurs et d'autres comme eux. Au contraire. Gingrich et la *Heritage Foundation* veulent une nounoucratie beaucoup plus développée pour les riches. Leur attitude est donc ambivalente. Mais ils sont disposés à faire des choses qui pourraient nuire à leurs profits en raison des avantages écrasants que comporte la destruction de l'ensemble d'un système qui les empêche de voler chacun jusqu'à sa dernière chemise. Voilà un aspect des choses.

Le monde des affaires est donc favorable à cela. Lisez *Business Week*. C'est partout pareil. Dans le système politique, la direction des deux partis (pas les dissidents dispersés) y est favorable pratiquement à cent pour cent. Alors quand Clinton va à la radio pour critiquer le programme budgétaire des Républicains, il dit : « Bien sûr, nous devons équilibrer le budget et éliminer la dette. » Ce n'est même pas remis en question.

Mais il y a une autre partie du pays, à savoir l'ensemble de la population. Et il y a les sondages. Il y a récemment eu un sondage dans lequel on demandait aux gens quel était le principal problème du pays ; cinq pour cent ont répondu que c'est la dette et cinq pour cent le problème des sans abris. Ainsi, le nombre de gens qui croient que la dette constitue le principal problème est égal au nombre de ceux qui croient que c'est celui des sans abris. Cela vous montre l'importance qu'ils accordent au problème de la dette. Lorsqu'il s'agit de demander si l'on devrait annuler la dette, les sondages sont formulés avec grand soin. Il y a deux ensembles de questions, un pour les rédacteurs de manchettes et pour *National Public Radio,* et un pour les gens qui veulent connaître les réponses. Les questions pour les rédacteurs de manchettes sont du genre : « Souhaitez-vous l'annulation de la dette ? » La plupart des gens répondent : « oui ». C'est comme demander : « Souhaitez-vous l'annulation de votre hypothèque ? » Et ça donne comme manchettes : « Les Américains ont voté pour un budget équilibré. Tout le monde souhaite l'annulation de la dette. Les Américains aiment l'ordre du jour du GOP » (*Grand Old Party*: le Parti républicain), etc. Vient ensuite la question importante : « Souhaitez-vous que la dette soit annulée ou que le déficit soit réduit aux dépens de... ? » Suivent alors beaucoup d'exemples de domaines soumis à des réductions : soins de santé, protection environnementale, éducation... Là le pourcentage de « oui » diminue fortement. Selon la manière dont la question est formulée, il n'y a plus qu'environ vingt-cinq pour cent des personnes sondées qui estiment qu'il faut le faire et à plus forte raison encore moins estiment que c'est hautement prioritaire. C'est comme demander : « Voulez-vous que votre hypothèque soit levée au prix de l'abandon de votre maison ? » Vous répondrez autrement que si l'on vous avait demandé simplement si vous souhaitez que votre hypothèque soit levée. Cela fait partie de la duperie que pratique l'industrie des relations publiques au profit des institutions doctrinales. Mais si vous regardez vers le bas de la colonne, sous la manchette qui annonce que les Américains veulent un budget équilibré, vous trouverez parfois certaines des données pertinentes. En général, donc, le public adopte une attitude plutôt réaliste. Il ne croit pas qu'il soit si important que cela de parvenir à l'équilibre budgétaire, il accorde à la question à peu près la même importance qu'au problème des sans abris et il ne souhaite pas que cela se réalise à son coût réel.

Supposons que vous posiez la question sérieuse : « Voulez-vous que la dette soit réduite au prix de la santé, du bien-être et de la croissance économique de la prochaine génération ? » Car voilà ce que cela signifie. Je suis certain qu'ayant posé la question en ces termes vous noteriez une opposition écrasante, surtout si les implications de la question sont bien comprises.

Il y a d'ailleurs une certaine expérience historique en la matière. Ici il faut être pas mal prudent parce qu'on comprend fort peu de choses sur ces questions, comme les bons économistes vous le diront. C'est très spéculatif. Mais il y a quelques indications. Ainsi, il y a eu des périodes pendant lesquelles on a tenté d'équilibrer le budget. Je crois qu'il y en a eu environ une demi-douzaine depuis les années 1820. Et je crois que, sans exceptions, chacune d'elles a très rapidement entraîné une très grave récession ou une profonde dépression. Ce n'est pas difficile de voir pourquoi. Si vous y pensez bien, vous verrez pourquoi il doit en être ainsi.

Il y a en outre des études assez approfondies sur l'effet du déficit sur des choses comme la consommation, l'investissement, la croissance et ainsi de suite. Elles font ressortir une corrélation plutôt positive. Les déficits tendent à contribuer à la croissance, aux niveaux de consommation, à l'investissement, à la production, au commerce, aux paramètres d'usage en somme. Il s'agit de mesures complexes, et l'on ne peut se prononcer avec beaucoup d'assurance. Mais il semble qu'il en soit ainsi, et vous pouvez voir pourquoi.

Si vous faisiez une analyse vraiment sérieuse, ce qui serait extrêmement difficile, vous poseriez la même question qu'au sujet de la personne qui emprunte. « Empruntez-vous pour jouer de l'argent à Las Vegas, ou empruntez-vous pour l'éducation de vos enfants ? » De même, si vous pouviez poser une question subtile comme : « Dans la mesure où la dette a été utilisée pour des investissements gouvernementaux productifs comme l'infrastructure, la santé, l'environnement et ainsi de suite, quels sont ses effets comparativement à ceux d'une dette servant à fabriquer le F-22 ? », je suis à peu près sûr que vous obtiendriez une réponse pas mal tranchée. Mais c'est une question difficile à poser, et je ne crois pas qu'on l'ait déjà posée.

Quoi qu'il en soit, si vous voulez repenser la question de la dette, vous devez commencer par le commencement et aborder les choses selon une perspective tout à fait différente. Répétons-le, si nous avions ici quoi que ce soit qui ressemblât à une presse libre, c'est la perspective que nous venons d'esquisser qui ferait les manchettes des journaux, c'est de cela dont on informerait les gens tous les jours. Vous ne pouvez pourtant pas prétendre qu'on ne vous le dit pas du tout. Si vous lisez vraiment tout, vous trouverez que quelqu'un l'a dit au bas d'une page vers la fin ou dans un texte sur la page en regard de l'éditorial. Mais ce dont on inonde les gens, c'est une tout autre histoire. À moins que vous ne fassiez un effort de recherche, il vous sera très difficile de savoir quoi que ce soit sur ces questions.

Il me paraît intéressant qu'en dépit de ce déluge, les gens ne croient pas que la question de la dette soit importante. C'est plutôt étonnant. Je ne sais pas combien de temps cela va durer.

Une des choses que vous faites souvent, c'est de mettre en doute les présupposés. Beaucoup de choses sont simplement prises pour acquises, et c'est autour de cela que s'articule le discours. Par exemple : « Nous avons besoin d'un budget équilibré. » Mais, pour citer un récent sondage de CBS News-New York Times, *les Américains, lorsqu'on leur demande s'ils préfèrent conserver* Medicare *au niveau*

actuel ou équilibrer le budget, répondent à 3 contre 1 qu'ils préfèrent garder Medicare. *Ce sondage a d'ailleurs été décrit par le Président de la Chambre comme un exemple de « désinformation ».*
Le *Times,* qui a bien couvert le sondage cette fois (le sujet a fait la une), n'a pas mentionné que cette proportion est la même depuis longtemps. Revenez par exemple en décembre dernier, où l'on avait organisé des sondages comparables. Là aussi, bien que les questions ne fussent pas formulées exactement de la même façon, il s'est avéré que lorsqu'on demandait : « Souhaitez-vous que le budget soit équilibré au prix de l'assistance médicale et des soins de santé ? », les personnes interrogées s'y opposaient à raison de 3 contre 1. Il s'agit donc d'une proportion plutôt stable, et il est intéressant de constater qu'elle se maintient en dépit de la propagande. Lorsqu'on demande : « Souhaitez-vous avoir des impôts plus élevés pour accroître la recherche médicale ? », environ soixante-quinze pour cent des personnes interrogées y sont favorables. Je ne me souviens pas des derniers chiffres, mais, de manière pas mal systématique au fil des ans, les sondages indiquent que les gens sont favorables à l'accroissement des impôts si ceux-ci sont utilisés à des fins comme la santé ou l'éducation. Ou même comme l'aide à l'étranger, croyez-le ou non, si celle-ci va aux pauvres. Et, bien sûr, l'immense majorité de la population estime que le gouvernement a pour responsabilité d'aider les pauvres d'ici.

En revanche, les gens s'opposent à l'aide sociale, et ça c'est un succès pour l'appareil de propagande. Mais, en effet, ces résultats de sondage sont intéressants et importants, ils sont restés constants et sont pertinents pour presque tout le reste. Ils ne sont pas passés tout à fait inaperçus. Ainsi, Brad Knickerbocker, correspondant bien connu à Washington du *Christian Science Monitor*, qui s'occupe surtout ces temps-ci des questions relatives à l'environnement et à l'énergie, a écrit une rubrique dans laquelle il dit, sur un ton plutôt railleur, que c'est presque comme si le Congrès regardait les sondages et décidait de faire le contraire. Il parlait des questions touchant à l'environnement et à l'énergie, où là aussi la situation est tout à fait dramatique, mais ce commentaire peut être généralisé à tous les domaines. Je crois qu'il est difficile de trouver une époque dans l'histoire américaine où les politiques, d'un problème à l'autre, ont été aussi radicalement contraires à l'opinion publique. Cela est même vrai des choses qui sont en augmentation.

La chose importante qui va s'accroissant, ce sont les dépenses du Pentagone. Mais à 6 contre 1 environ, les gens veulent qu'elles restent stables ou qu'elles diminuent. Même dans ce cas-là, donc, la population s'y oppose très majoritairement. Ce que vous entendez dans les commentaires est plutôt intéressant. Gingrich est manifestement un cynique absolu, mais pas mal efficace. Son argument, que reprennent la *Heritage Foundation* et le *Cato Institute,* est qu'une question philosophique est en jeu : les gens ne devraient pas être contraints de payer pour des choses dont ils ne veulent pas, et c'est pour cela que nous devons réduire la quantité de nourriture pour les enfants affamés.

Beaucoup de gens sont de cet avis, et notre philosophie nous dit qu'ils ne devraient pas payer pour cela. Mais, pour une raison ou l'autre, cette philosophie dit qu'on peut augmenter le budget du Pentagone malgré l'opposition, peut-être, des trois quarts de la population parce que cela met de l'argent dans mes poches. Là la question philosophique disparaît. Heureusement la philosophie est une discipline pas mal subtile, telle qu'on l'enseigne ici, et Gingrich le comprend, ainsi que la *Heritage Foundation* et les autres fumistes qui mettent en avant leur ridicule distorsion de la philosophie libertaire.

Mais il y a beaucoup de confusion dans le public. Nous en avons parlé l'autre jour. Il y a toutes sortes de courants contradictoires qui tourbillonnent dans tous les sens. Par exemple, dans un article récent vous avez cité un sondage selon lequel environ quatre-vingts pour cent de la population croit que le système économique est « intrinsèquement injuste » et que le gouvernement est « géré au profit de quelques-uns et des intérêts particuliers, et non au profit du peuple ». Cette proportion s'est accrue par rapport à un pourcentage jusqu'alors constant de cinquante pour cent. Mais qu'entend-on par « intérêts particuliers » ?

C'est une bonne question. Je crois que j'ai mentionné cela dans l'article. J'ai dit que ce qu'on entend par « intérêts particuliers » constitue un problème distinct. On pose des questions de ce genre dans les sondages depuis longtemps ; elles sont formulées de manière légèrement différente, de sorte qu'on obtient des chiffres divergents. Mais pendant longtemps, lorsqu'on posait à la population un ensemble de questions ouvertes du genre : « À votre avis, au profit de qui le gouvernement est-il dirigé ? », la moitié répondait à peu près en ces termes : « Au profit des privilégiés, des intérêts particuliers, et non du peuple. » Aujourd'hui ce pourcentage est passé à quatre-vingt-deux pour cent, du jamais vu. Cela signifie que quatre-vingt-deux pour cent de la population estime que nous n'avons même pas un système politique — proportion considérable.

Qu'entend-on par « intérêts particuliers » ? Ici il faut y regarder d'un peu plus près. Il y a de fortes chances, si l'on en juge par d'autres sondages et d'autres sources d'information, que si l'on demandait aux gens « Quels sont les intérêts particuliers ? », ils répondraient probablement : « les mères recevant une aide sociale, les bureaucrates gouvernementaux, les professionnels de l'élite, les libéraux qui dirigent les médias, les syndicats ». Voilà ce que l'on énumérerait. Combien répondraient : « Les membres de la liste des 500 personnes les plus riches », je ne le sais pas. Probablement peu de personnes. Car nous avons un formidable système de propagande dans ce pays. Il n'y a rien eu de tel au cours de l'histoire. Cela concerne l'ensemble de l'industrie des relations publiques et de l'industrie du divertissement. Les médias, dont tout le monde parle, y compris moi-même, n'en constituent qu'une petite partie. Je m'attache surtout à cette composante des médias qui s'adresse à une petite partie de la population, la partie instruite. Mais regardez le système dans son ensemble, il est tout simplement immense. Or il est asservi à certains objectifs. Il vise à détruire la démocratie, voilà son objectif principal. Cela signifie détruire chaque forme d'organisation et d'association pouvant déboucher sur la démocratie. Il faut donc diaboliser les syndicats. Et il faut isoler les gens, les atomiser, les séparer, les inciter à s'haïr et à se craindre entre eux et créer des illusions sur le siège du pouvoir. Depuis cinquante ans tout ce système doctrinal a eu pour objectif fondamental de créer l'ambiance de ce qu'on appelle aujourd'hui l'anti-politique.

On y est parvenu. Les gens concentrent leur mécontentement et leurs craintes sur le gouvernement, l'unique composante de l'ensemble du système de pouvoir qu'ils peuvent influencer, et ne voient guère les systèmes réels de pouvoir, la main qui plane au-dessus, la banalité énoncée par John Dewey que « la politique est l'ombre projetée sur la société par les grosses entreprises ». Cela devrait être un truisme, mais peu de gens l'ont compris. Il y a donc beaucoup de confusion, et cela se voit d'un sujet à l'autre.

Prenez, mettons, les syndicats. Environ quatre-vingts pour cent de la population estiment que les travailleurs n'ont pas assez d'influence sur ce qui se passe. En revanche, beaucoup de gens estiment que les syndicats ont trop d'influence. Il y a un élément de vérité à cela, car en réalité les syndicats ne représentent pas fidèlement les travailleurs. Oui, il y a du vrai là-dedans. Mais ce n'est pas ce que les gens veulent dire. L'important, c'est que les syndicats démocratiques constituent l'instrument permettant aux travailleurs d'avoir plus souvent leur mot à dire dans le cours des choses. Mais cela, on l'a chassé de l'esprit des gens.

Ou bien prenez, mettons, l'aide sociale, un cas dramatique. Selon les derniers chiffres que j'ai vus, je crois, quatre-vingts pour cent de la population considère que le gouvernement a pour responsabilité d'aider les pauvres. Il y a en revanche une forte opposition à l'aide sociale, c'est-à-dire à l'aide fournie par les gouvernements aux pauvres. Cela tient aux calembredaines de Reagan : les mères noires en Cadillac, les adolescentes faisant des bébés dans l'anticipation que vous payiez pour elles, toutes les balivernes de ce genre. Les gens s'opposent donc à l'aide sociale : si c'est cela, pourquoi devrais-je payer ? Mais je veux aider les pauvres...

Les gens surestiment en outre largement la quantité d'argent qui va à l'aide sociale. Depuis toujours les États-Unis se caractérisent par des dépenses sociales très peu élevées en termes relatifs, et ils les ont nettement réduites depuis 1970. Ainsi, l'AFDC [*Aid to Families with Dependent Children* (Aide aux familles avec des enfants dépendants)], diminuée de presque la moitié depuis les années 1970, est aujourd'hui pratiquement anéantie. L'impression que l'aide sociale constitue un énorme fardeau est une pure absurdité. Je ne parle pas de l'aide réelle (à l'intention des riches), mais de ce mince filet d'assistance sociale allant aux gens qui ont besoin d'aide, assistance qui n'a jamais été importante et qui fond à vue d'œil. Je crois qu'environ un tiers ou un quart de la population pense qu'il s'agit du principal poste du budget fédéral. Or il est presque invisible. On croit la même chose à propos de l'aide étrangère, qui est vraiment invisible. Là aussi, environ un quart de la population croit qu'il s'agit du principal poste du budget fédéral. Et ces gens estiment qu'ils sont très lourdement taxés. En réalité nous sommes peu taxés, et les impôts sont extrêmement régressifs.

Il y a deux chiffres intéressants, le revenu avant impôts et le revenu effectif après impôts et après bénéfices. Ainsi, si vous teniez compte des bons alimentaires, de l'effet des impôts, etc., et demandiez : « Que reste-t-il aux gens après tout cela ? », vous trouveriez que dans la plupart des pays comparables au nôtre ces prélèvements modifient fortement les choses. Les inégalités avant imposition dans ces pays diffèrent peu de ce qu'elles sont ici. Aux États-Unis, les inégalités après imposition, même après tous ces transferts gouvernementaux, sont pratiquement égales aux inégalités avant imposition. L'ensemble du système de taxation et de bénéfices ne change donc pas grand-chose. Dans la plupart des autres pays il change sensiblement les choses, ce qui explique pourquoi nous avons un niveau de pauvreté deux fois plus élevé que celui de notre concurrent le plus proche, l'Angleterre, et beaucoup plus élevé que celui de la plupart des autres pays développés. Car le système dans son ensemble ne change presque rien. C'est un système très régressif. Si vous réalisiez une comptabilité sérieuse, ce que l'on ne fait pas, le système apparaîtrait encore beaucoup plus régressif.

Songez par exemple au fait que beaucoup de choses qui sont des impôts ne sont pas qualifiées d'impôts. Prenez, mettons, la ville de New York. Elle vient de réduire les dépenses pour les transports en commun. Il y a donc moins d'argent dépensé sous forme d'impôts. En revanche, on a augmenté le prix des billets, ce qui veut dire plus d'impôts. Car le prix des billets n'est qu'un impôt sous un autre nom. Or il y a une différence entre les coupes et les impôts. Les impôts sont régressifs. De toute façon, même si les dirigeants d'entreprise et les pauvres prenaient le métro avec la même fréquence ce serait un impôt très régressif. Mais, bien sûr, ce n'est pas le cas. Dans une très large mesure, le métro est utilisé par les pauvres. C'est donc un impôt radicalement régressif, qui frappe de plein fouet les gens qui ont du mal à le payer et qui enrichit ceux qui ne sont pas obligés de payer.

Mais regardez de plus près, c'est encore plus dramatique. Ainsi, l'administration de l'État a accordé ce qu'elle appelle des « subsides » — terme insolite — aux transports publics, ce qui signifie que l'argent de la population est utilisé pour elle-même. Mais regardez bien. On a sensiblement réduit les subsides à l'intention des transports publics de masse comme le métro et l'autobus et on a accru le montant destiné aux lignes ferroviaires de banlieue. Cette fois on diminue les deux, mais on réduit les sommes affectées au métro beaucoup plus que celles affectées aux lignes ferroviaires de banlieue. En fait, la contribution de l'État — ce sont les derniers chiffres que j'ai vus — s'élève à dix contre un en faveur des lignes ferroviaires de banlieue. Qui utilise celles-ci ? Les dirigeants d'entreprise qui habitent Westchester County et Long Island. Qui utilise le métro ? Les habitants de Queens tentant de se rendre à Brooklyn, les enfants pauvres tentant de se rendre à l'école. C'est ça les impôts. Si vous teniez compte de ces données, vous verriez que le système est... à vrai dire le système est déjà neutre selon les calculs des économistes. C'est donc une plaisanterie que de parler d'« impôt neutre ». Cela veut simplement dire qu'on le rend plus régressif. Il est déjà plus ou moins neutre, et cela certainement depuis les années Reagan. Si vous faisiez un calcul sérieux, vous verriez qu'il n'est pas neutre, car les coûts réels sont à la charge des pauvres.

Prenez le cas de Boston, par exemple. J'habite la banlieue, dont les habitants sont en général plutôt riches. Allez à quelques kilomètres d'ici et vous arriverez en ville, où les habitants sont très pauvres. Ce matin je me suis rendu à Boston en voiture. Qui paie pour cela ? Qui entretient les routes ? Qui paie les policiers locaux ? Qui paie les services ? Pas les gens qui habitent ma banlieue. Nous, nous arnaquons les pauvres. Toutes les villes fonctionnent ainsi. Les choses sont conçues de telle manière que, par divers moyens, les pauvres donnent de l'argent aux riches.

Qui paie l'essence la moins chère du monde ?
En effet...

Le Pentagone.
De fait, il faut être un peu prudent. On maintient le prix de l'essence dans une certaine fourchette. On ne veut pas qu'il soit trop bas ni trop élevé. En effet, si le prix descend trop bas cela nuit aux grosses sociétés d'énergie, dont la plupart, parmi celles qui ne sont pas britanniques, sont basées aux États-Unis. Cela ne serait pas souhaitable, car elles constituent une composante importante des secteurs riches de l'économie.

En revanche, si le prix monte trop haut cela nuit à d'autres secteurs de l'économie. On veille donc à ce que le prix s'inscrive dans une certaine tranche. Si vous observez la politique au fil des ans vous constaterez qu'elle a été :« Pas trop haut, ni trop bas. »

Il existe une association ici à Boston qui s'appelle Share the Wealth *(Partagez la richesse). Elle a réalisé des recherches fouillées et publié de nombreux rapports sur le code fiscal. Elle a découvert que pendant les années 1950 les entreprises payaient quelque chose comme quarante pour cent de toutes les taxes prélevées par l'*Internal Revenue Service. *Dans les années 1990 le pourcentage correspondant n'atteint qu'environ le quart de cette valeur. Cette donnée pourrait être d'intérêt pour la population.*

Il n'y a pas que cela. Considérez les impôts des États et le reste. Le code fiscal a toujours été régressif. Nous n'avons jamais eu des impôts bien progressifs. Jetez un coup d'œil sur les travaux réalisés il y a de nombreuses années par des analystes sérieux comme Joseph Pechman et d'autres. Ils ont fait remarquer que si l'on fait les calculs en tenant compte de tout — les impôts des États, les taxes de vente, toute l'histoire — on obtient des impôts plutôt neutres. La situation s'est beaucoup aggravée ces dernières années, y compris les toutes dernières. Et elle s'aggrave encore. Les programmes présentement à l'étude, qu'on qualifie de programmes d'impôts neutres — terme dépourvu de signification puisque nous avons déjà des impôts neutres — et qui sont conçus pour faire pencher la balance encore plus au détriment des pauvres, comprennent également des éléments comme une réduction des impôts sur les gains de capitaux. Il se trouve que les gains de capitaux constituent environ la moitié des revenus pour le un pour cent supérieur de la population, proportion qui diminue très, très rapidement dans le reste de la population. Ce qui signifie que si vous faites partie du un pour cent supérieur on ne taxera même pas la moitié de vos revenus, ce qui est une proportion énorme. Toutes ces mesures constituent autant de dispositifs complexes conçus pour que les pauvres — c'est-à-dire quelque chose comme quatre-vingts pour cent de la population — financent les riches.

On vous raconte, par exemple dans l'article de John Cassidy qui est paru dans le *New Yorker* et que vous m'avez donné l'autre jour, comment tout cela constitue l'œuvre inexorable du système capitaliste : le génie du marché engendre ces effets désagréables. Pures fadaises. Il s'agit de politiques sociales. On pourrait adopter des politiques différentes.

Il dit également que l'appauvrissement des gens constitue un mystère.

On constate à la lecture de cet article qu'il renferme des contradictions très intéressantes. Il est très critique vis-à-vis de tout ce qui se produit. N'est-il pas triste que tant de gens souffrent ?, etc. Il a bon cœur. Mais ensuite il y a le miracle du marché, le génie du marché, les mystères. Et lorsqu'il parle du marché il ne mentionne que trois entreprises : Hughes, Grumman et McDonnell Douglas. Il dit que c'est comme cela que fonctionne le marché. C'est comme *cela* que fonctionne le marché ? En réalité il s'agit d'entreprises subventionnées par l'État. Vous pourriez difficilement choisir de meilleurs exemples d'industrie étatique. La seule chose qui les rattache au marché, c'est que les profits vont dans des poches privées. Mais c'est le public qui paie. C'est pour cette raison que ces entreprises fonctionnent.

Je crois que c'est vous qui m'avez parlé des perceptions des gens et de courants contradictoires et qui m'avez dit que la plupart des Américains croient que la maxime « De chacun selon ses moyens, à chacun selon ses besoins » (Marx) fait partie de la Déclaration des droits.
De la Constitution. C'est tiré d'un sondage réalisé vers 1976, l'année du Bicentenaire. De fait, de nombreux sondages ont été effectués. On a notamment présenté aux personnes interrogées des clichés et on leur a demandé : « Lesquels selon vous font partie de la Constitution ? » Environ cinquante pour cent des personnes ont répondu que cette maxime fait partie de la Constitution parce qu'elles considèrent qu'elle est tout à fait évidente. Cela en dit long sur l'incapacité de la gauche à s'organiser. Si la moitié de la population suppose non seulement que la prise de position la plus extrême est vraie mais encore qu'elle doit être inscrite à la Constitution, cela est symptomatique d'une grave faillite de la gauche.

Nous sommes dans l'ère des réformes, autre orwellisme, réforme fiscale, réforme de l'aide sociale. Il y a en outre quelque chose qui s'appelle « réforme du lobbyisme ». On a soumis une proposition visant à priver la gauche de fonds, à réduire les activités des groupes sans but lucratif. Il est intéressant de constater quels groupes sont mentionnés à cet égard comme faisant partie de la gauche.

Il faut être très prudent avec le mot « réforme ». On ne qualifie pas ce que Hitler a fait de réforme. Une réforme évoque quelque chose de bien. Elle est censée améliorer les choses. On ne devrait donc jamais utiliser ce mot. Il faudrait parler de changements. Il en va de même avec le mot « promesse ». Chaque fois qu'on lit un article dans le journal on tombe sur ceci : « Que vous aimiez ou non ce que font les Républicains, ils honorent leur promesse au peuple américain. » Si je dis que je vais vous réduire en bouillie et que je le fais, ce n'est pas une promesse. Car je n'ai pas promis de le faire. J'ai *menacé* de le faire. On devrait donc dire : « Les Républicains honorent leur menace au peuple américain », surtout lorsqu'on sait ce qu'en pensent les Américains. On ne peut pas parler de réformes, pas plus que l'on peut dire que Staline et Hitler ont mis en œuvre des réformes. Il s'agit de changements. Vous pouvez être en accord ou en désaccord, mais ce ne sont pas des réformes.

Il se passe deux choses qui correspondent à ce que vous avez mentionné. La première est l'amendement Istook, lequel fait son chemin. Mais je ne crois pas qu'il aboutira, il est trop extrême. Il est présentement engagé dans le processus législatif. Il s'agit d'un dispositif très cynique conçu de manière à assurer que seules l'industrie militaire et les grandes entreprises, par exemple, pourront faire du lobbyisme. Quiconque a un intérêt populaire à cœur ne pourrait faire du lobbyisme, ne pourrait donc essayer de défendre ses intérêts dans l'arène publique. L'idée, c'est d'asséner un autre coup massif à ce qu'il reste du système démocratique en restreignant même l'entrée dans l'arène publique sous la forme du lobbyisme, c'est-à-dire la défense de votre position. Faire du « lobbyisme », ça signifie par exemple écrire une lettre à votre représentant, ou toute autre initiative pertinente. Il s'agit de restreindre même cela à ceux qui reçoivent d'énormes subventions du gouvernement.

Pour parvenir à cette fin on a eu recours à divers procédés. Le premier consiste à dire que si vous êtes financé par le gouvernement et que vous êtes une organisation sans but lucratif, vous ne pouvez pas utiliser votre propre argent pour faire du lobbyisme. Notez qu'on ne discute pas l'emploi de fonds du fédéral pour du lobbyisme. C'est déjà illégal. C'est donc hors de question. La question est de savoir si l'on peut utiliser ses propres ressources. En supposant que cinq pour cent de vos moyens proviennent d'une subvention fédérale, pouvez-vous utiliser les quatre-vingt-cinq pour cent restants pour faire valoir votre préoccupation pour un environnement plus propre ou pour des soins de santé accrus ? La première proposition a consisté à ajouter la règle que vous ne le pouvez pas, mais en la restreignant bien sûr aux organisations sans but lucratif. Ce qui signifie que si vous réalisez des profits comme ces trois modèles du système capitaliste que sont Hughes, McDonnell Douglas et Grumman, vous pouvez continuer à faire du lobbyisme à volonté parce que vous réalisez des profits. Cette proposition a été l'objet de certaines critiques.

La proposition plus récente, qui sera peut-être adoptée, consiste à exiger que les organisations sans but lucratif fournissent une comptabilité de chaque sou dépensé pour chaque chose imaginable, ce qui accroîtrait formidablement les frais bureaucratiques et obligerait la plupart d'entre elles à cesser leurs activités.

Voilà donc un aspect de la question, l'amendement Istook. L'autre aspect est ce programme consistant à priver la gauche de fonds, ce qui est en soi intéressant. Je crois qu'il a été lancé par le *Cato Institute.* Il est en voie d'adoption par le Congrès et on en a fait état dans le *Wall Street Journal.* C'est très intéressant. On cite la *Heritage Foundation* et Gingrich pour montrer pourquoi on doit entreprendre de priver la gauche de fonds, car il est injuste que le gouvernement participe à la défense de ses ordres du jour politiques.

Le terme « ordre du jour » est intéressant. Un ordre du jour appartient à des gens qui essaient de faire des choses mauvaises, comme aider les gens pauvres ou assainir l'environnement. Voilà un ordre du jour. Ce n'est pas un ordre du jour si vous essayez de mettre plus d'argent dans votre poche. Il y a donc tous ces types avec des ordres du jour, et le gouvernement les subventionne, ce qui est injuste, car pourquoi devrions-nous subventionner la gauche ?

Jetez un coup d'œil sur la liste. Elle était là dans le *Wall Street Journal.* La principale organisation de gauche qu'il fallait cesser de financer était les *Catholic Relief Services* (services de secours catholiques), une organisation très à gauche. Pourquoi doit-on priver de fonds cette partie de la gauche? On explique qu'il existe de fait des prêtres et des religieuses qui, gratuitement, travaillent dans le cadre des programmes *Head Start* et aident les gens pauvres à chauffer leurs maisons. Ce sont là des ordres du jour de gauche. Car ils aident les gens. Et puisque les prêtres et les religieuses œuvrent à cette fin et qu'ils reçoivent parfois un peu d'argent du gouvernement pour cela, il faut les priver de fonds. Ça, c'est la principale organisation visée.

La seconde est l'*American Association of Retired Persons*, l'AARP (association américaine des retraités). On a expliqué pourquoi on devait priver de fonds cette partie de la gauche. La raison en est que l'AARP gère un programme d'aide aux personnes âgées dans le besoin à trouver du travail. C'est un ordre du jour de gauche, il faut donc arrêter cela. On trouve d'ailleurs dans le *Wall Street Journal* un autre article dans lequel on rapporte qu'une personne âgée sur six ne mange pas à sa faim et que beaucoup sont en fait affamées. Mais si vous essayez de leur trouver du travail, c'est un programme de gauche et il faut le priver de fonds. L'organisation suivante à avoir été ciblée est une organisation écologiste. Selon les critères utilisés, quiconque se soucie un tant soit peu des êtres humains est « de gauche ». C'est plutôt flatteur, à vrai dire, mais il est par ailleurs intrigant que ceux qu'on nomme à tort des « conservateurs » se définissent de manière à inclure uniquement des gens qui seraient considérés comme pathologiquement aliénés selon des normes rationnelles — et certainement selon des normes authentiquement conservatrices.

*On vise même l'*American Heart Association *(association américaine du cœur), qu'on veut empêcher de dénoncer les dangers que comportent le tabagisme et le tabagisme passif. Entre-temps, Philip Morris et l'industrie très subventionnée du tabac peuvent faire du lobbyisme en toute liberté.*

S'agissant de l'amendement Istook et de toutes ces questions, un des principaux partisans est l'industrie des boissons alcoolisées. Elle pousse très fort. Elle ne veut pas que les gens puissent dire: « l'alcool est nuisible », ce qui de fait est vrai, beaucoup plus que pour les drogues dures mais moins que pour le tabagisme. La principale entreprise pourvoyeuse de fonds, notamment en novembre dernier, était, de loin, Philip Morris, qui est également un des principaux tueurs; elle a donc besoin d'être protégée. En réalité, l'ordre du jour, si je puis me permettre d'emprunter leur terminologie, est si clair, évident et dramatique qu'il faut être un véritable génie pour ne pas le voir.

Revenons un instant aux médias et à leur impact. Cet été il y a eu une flopée de méga-fusions dans les médias. Disney s'est emparée de Cap Cities/ABC, *Westinghouse de* CBS *et Time-Warner de Turner. Quelle est votre évaluation de ces fusions?*

Rappelez-vous tout d'abord que cela s'inscrit dans quelque chose de beaucoup plus vaste. Il y a actuellement une vague de fusions sans précédent. Même au sommet des années Reagan ce n'était pas comme aujourd'hui.

On évolue vers ce que la presse d'affaires appelle des « méga-corporations ». Ce qui signifie qu'il y a accentuation radicale de la structure tyrannique et totalitaire des économies globales et domestiques. Car il s'agit bien sûr de tyrannies et d'institutions totalitaires. Personne ne devrait avoir le moindre doute à ce sujet. À mesure qu'elles deviennent de plus en plus puissantes et intégrées, elles constituent de ce seul fait une puissante attaque contre la démocratie et contre les marchés, car à mesure qu'elles dominent les interactions — au sein même de ces structures totalitaires — ces énormes économies dirigées dépassent largement ce que les gens appellent, de manière ridicule, le socialisme. Les fusions des médias en sont un aspect. L'essentiel, c'est la concentration croissante de pouvoirs tyranniques entre les mains de gens du secteur privé qui n'ont de comptes à rendre à personne, phénomène beaucoup plus important que ce qui se passe dans les médias.

Quant aux médias, quel sera l'effet sur eux de ces développements ? J'ai toujours été plutôt dubitatif là-dessus. À vrai dire je n'ai pas suivi la situation de très près. Mais je crois que cela importe peu qu'il y ait, mettons à Boston, deux ou trois journaux appartenant à des entreprises ou qu'il y en ait un seul. Il y aura une différence, mais elle ne sera pas énorme. Supposons qu'il y ait trois canaux de télévision appartenant à d'énormes méga-corporations et conglomérats et qu'il s'avère par la suite qu'il n'y a qu'un seul propriétaire parce qu'elles appartiennent toutes à Murdoch. J'ai l'impression que cela ne changerait pas grand-chose.

Il y aura certes une petite différence, car même au sein d'un système où le pouvoir résidait en très peu de mains, par exemple le *Politburo* en Union soviétique, il y avait un peu plus de liberté si celui-ci était divisé en factions qu'en l'absence de factions. Mais l'essentiel est le *Politburo,* pas le degré de division en factions. Même parmi les États totalitaires le degré de division en factions varie au sein du secteur qui contrôle le pouvoir. Mais, encore une fois, c'est le caractère antidémocratique du *Politburo* qui importe, et non la question secondaire du degré d'influence des factions. S'agissant des fusions dans les médias, ce qu'on fait c'est réduire l'importance des factions dans le *Politburo,* assurément une évolution préoccupante, mais nous perdons notre temps si nous y accordons trop d'attention en négligeant la situation globale.

Il y a peu de gens, y compris parmi mes amis et collaborateurs intimes, qui soient d'accord avec moi là-dessus. Je ne prétends donc pas que c'est évident, et je suppose que ce ne l'est pas. Mais c'est mon avis.

Laissez-moi vous décrire une expérience personnelle. Vous rappelez-vous de nos démêlés avec Warner à propos du premier livre rédigé par Ed Herman et moi-même en 1973 (*Counter-Revolutionary Violence : Bloodbaths in Fact and Propaganda*) ? La maison d'édition qui l'a publié, Warner Modular, a été contrainte de cesser ses activités, ce qui signifie qu'on a détruit non seulement notre ouvrage mais tous les livres publiés par Warner Modular. La décision de mener cette attaque frontale contre la liberté d'expression a été prise par un dirigeant de Warner Communications qui n'aimait pas notre livre. Rien de cela n'a d'ailleurs suscité quelque réaction des prétendus défenseurs de la liberté d'expression (Ben Bagdikian a écrit là-dessus par la suite). Or il ne s'agissait pas de Time-Warner à l'époque. Il s'agissait de Warner Communications, entreprise déjà grosse mais qui n'avait aucune commune mesure avec ce qu'elle est aujourd'hui, et encore moins après la dernière fusion. Cela a-t-il changé quoi que ce soit à la manière dont on s'est comporté ? Non, pas vraiment, seulement de manière négligeable. Je crois que l'analogie à faire, c'est avec quelque chose comme les factions au sein du *Politburo.*

*J'ai discuté de la question avec Bob Parry (journaliste indépendant) et Jeff Cohen [*Fairness and Accuracy in Reporting *(Équité et exactitude dans le journalisme)]. Ils prétendent que les méga-fusions et les concentrations font une différence, qu'il y a plus de timidité — cela est difficile à imaginer — et de nervosité dans la salle de nouvelles parce qu'il y a moins d'emplois, et donc moins d'options.*

Ça, c'est une autre question. Je crois qu'ils confondent deux choses différentes. Même sans les fusions le nombre d'emplois diminue. Les deux choses sont tout à fait indépendantes. Les fusions ont peut-être un certain effet sur la situation de l'emploi, mais je doute que cet effet soit considérable. L'essentiel, c'est que la qualité des services de nouvelles diminue. C'est logique, puisque après tout l'objectif de tout ce système est de détruire la démocratie, c'est-à-dire d'éloigner les gens de l'arène publique. Aussi, plus vous investissez dans les comédies de situation et la publicité et moins vous investissez dans l'information, mieux ce sera. Il faut bien donner quelques nouvelles aux gens, car ils veulent avoir une vague idée de ce qui se passe. Mais il existe des contraintes naturelles au sein d'une économie capitaliste d'État pour exclure tout ce qui tend à amener la population dans l'arène publique, y compris les nouvelles. Il y aura donc des pressions pour réduire les nouvelles, mis à part le fait qu'elles ne sont pas formidablement profitables. Elles constituent en effet une activité à forte densité de capital du point de vue des médias. Elles attirent en outre moins de publicité puisqu'elles ne contribuent pas aux besoins des annonceurs. Tout comme il est peu probable que ceux-ci financent un documentaire sur le maintien des soins de santé, ils ne financeront pas une émission de nouvelles qui est en fait un documentaire apportant une certaine version des faits, peut-être même déformée, à de vastes secteurs du public. Car il n'est pas dans leur intérêt d'agir ainsi.

Indépendamment des fusions, donc, il y aura une pression constante, et elle s'exerce de manière frappante aujourd'hui, afin d'étouffer le journalisme d'enquête. Il y aura peut-être encore du journalisme d'enquête restant à la surface des choses, par exemple un juge corrompu ou tout autre sujet insignifiant. Il y aura peut-être des émissions sur le procès d'O.J. Simpson, n'importe quoi pour éloigner l'esprit des gens des choses sérieuses. Cela continuera peut-être. Et le type de journalisme qui engendre la peur et la haine, cela continuera aussi. Mais songez simplement aux bailleurs de fonds et demandez-vous s'ils ont intérêt à présenter une vision honnête du monde. La réponse est: très peu. Et cela est vrai, avec ou sans fusions. Il se peut, donc, que les fusions aient un effet sur les services de nouvelles, mais j'ai l'impression que cet effet est minime. La situation pourrait d'ailleurs évoluer dans le sens contraire. Il pourrait s'avérer, s'il y avait une institution totalitaire contrôlant tous les médias, que celle-ci permette de plus grandes déviations internes parce qu'elles seraient beaucoup moins menaçantes pour elle. Je ne dis pas que c'est cela qui va arriver, mais c'est une possibilité.

Laissez-moi vous donner un exemple. J'étais récemment en Australie, où la situation est très différente de ce qu'elle est ici. J'ai été invité sur les ondes des *Australian World Services*, leur version de la *BBC*, pour parler du Traité du détroit de Timor. C'est une question importante en Australie. L'Australie comparaissait alors devant la Cour internationale de Justice, où elle était accusée d'avoir violé la loi internationale. J'ai eu une entrevue d'une demi-heure et j'ai sévèrement critiqué la position australienne. Ça, c'est en Australie, pas aux É.-U. Je ne puis imaginer une telle chose arrivant ici. Et cela sur les ondes des *Australian World Services* diffusés en Indonésie par le *satellite de Murdoch*, rien de moins.

Jeff Cohen et d'autres ont commenté la poussée des médias de droite, particulièrement des « talk-shows » radiophoniques. Robert Murdoch vient de lancer The Standard, *un nouveau journal hebdomadaire de droite. Il y a* USA Today *et ainsi de suite. Avez-vous remarqué cela ?*
Certainement. Il y a eu une forte augmentation à cet égard. Ce phénomène est permanent, mais il y a eu une accélération depuis le début des années 1970. Deux choses se sont produites. La première est que les années soixante ont fait peur à beaucoup de gens, y compris aux libéraux. Ils ont eu terriblement peur. Il y a eu cette « crise de la démocratie », les gens commençaient à s'engager dans l'arène publique. Il fallut donc les repousser vers leur état préférable d'apathie et d'ignorance. Cette attitude caractérise l'ensemble de l'éventail politique, des libéraux aux conservateurs. Cela s'est traduit par une attaque en règle contre les universités, la pensée indépendante, les médias indépendants, contre presque tout, dans tous les domaines. Ça, c'est une chose.

Le second facteur est le fait que de nouvelles armes très puissantes sont tombées à l'époque entre les mains des pouvoirs privés. On a assisté à une accélération de la mondialisation de l'économie, à des révolutions en télécommunications et à la déréglementation du système financier, toutes choses ayant pour effet de mettre des armes très puissantes entre des mains privées. Ainsi, tout à fait indépendamment des années soixante, on aurait tenté de passer du confinement du libéralisme du type *New Deal* à son démantèlement. Cela s'est produit de manière tout à fait dramatique.

Le dernier président libéral des États-Unis était Richard Nixon. Depuis lors, à partir de Carter, on a attaqué les programmes sociaux et on a développé les formes régressives du pouvoir d'État comme le système du Pentagone. Ces tendances ont eu lieu simultanément. Il y avait certes des « talk-shows ». Ils étaient pas mal affreux, mais il y avait un certain mélange. Ils ont viré de manière très accusée vers la droite à peu près à cette époque, comme tout le reste. Ainsi la submersion des campus des collèges sous des journaux d'ultra extrême droite imprimés sur papier glacé et distribués dans la boîte aux lettres de tout le monde a commencé à cette époque. Les chaires Olin sur la libre entreprise et les contributions de ce genre à la liberté universitaire, cela aussi s'est développé, ainsi que les fondations de droite extrêmement focalisées tentant de détruire le système éducatif. Car on veut détruire l'éducation publique. Vous avez peut-être remarqué qu'hier à Boston le gouverneur Weld a annoncé ce qui équivaut à la destruction du système d'éducation publique. Cela a été introduit subrepticement dans un projet de loi législatif. Toutes ces tendances se poursuivent depuis quelque temps, et elles vont s'accélérant. C'est à elles que les personnes que vous avez mentionnées se référaient. Ces tendances sont tout à fait réelles, mais je ne crois pas qu'elles soient dues aux méga-fusions.

Il ne s'agit pas ici d'un monolithe. Vous avez mentionné cet article dans le Wall Street Journal *intitulé* Hunger Surges Among the Elderly *(« La faim surgit parmi les personnes âgées »). On a publié dans ce même journal il y a quelques jours un article sur les effets bienfaisants des programmes d'aide sociale gouvernementaux en Caroline du Sud. Et le* New York Times *publie présentement des textes sur les conflits de classe. Il y a donc aussi des courants contradictoires.*

Il y a toutes sortes de contradictions. Prenez le démantèlement de l'appareil de réglementation. Le *Times* a publié il y a quelques semaines un long article expliquant que les grandes sociétés de placement en sont très mécontentes. Elles ont besoin de la *Securities and Exchange Commission* (SEC). Car un marché, dans la mesure où il existe, est une affaire très coûteuse. Mettre un marché sur pied et le surveiller, ça coûte cher. Mais si on ne le fait pas il n'y aura pas de marché. Il n'y aura que fraudes, corruption, désastres et effondrements subits qui balayeront tout. C'est pourquoi les gros joueurs, les grandes sociétés de placement et institutions financières et les grandes banques s'appuient sur l'intervention gouvernementale par l'entremise de la SEC pour protéger le fonctionnement des marchés — dans la mesure où ils existent, mesure limitée mais non nulle. Ces institutions sont donc tout à fait mécontentes de l'attaque contre les commissions comme la SEC. Il en va de même du ministère du Commerce. Celui-ci est présentement l'objet des attaques des jeunes loups républicains. Mais les grandes entreprises souhaitent le conserver. Car il met tout simplement de l'argent dans leurs poches. Le ministère du Commerce est un des systèmes d'aide sociale pour les riches, c'est pour cette raison qu'ils ne veulent pas qu'il disparaisse.

Il en va de même s'agissant des questions environnementales. Remarquez que cette attaque par les jeunes loups républicains visait directement les questions environnementales. Mais dans ce cas leurs assauts ont été repoussés, essentiellement parce que les grandes entreprises qui peuvent penser cinq ans à l'avance se rendent compte qu'elles souhaitent habiter alors un monde dans lequel elles pourront faire des profits, et pas seulement aujourd'hui. C'est la même chose avec la *Food and Drug Administration* (administration de l'alimentation et des médicaments). Les entreprises pharmaceutiques se sont prononcées contre son démantèlement. Peut-être souhaitent-elles la voir réduite, mais elles ne veulent pas la démanteler. Elles sont assez intelligentes pour comprendre qu'en l'absence de réglementation et d'évaluation indépendante, il y aura dans cinq ans une catastrophe comme celle de la thalidomide ou quelque chose du genre et qu'elles perdront leurs marchés internationaux. Et ainsi de suite. Il y a toujours eu une relation symbiotique entre le gros capital privé et le pouvoir étatique. Le capital veut préserver cette symbiose.

Si vous regardez l'histoire des entreprises américaines, vous constaterez l'existence d'une division plutôt systématique. Tom Ferguson, entre autres, a réalisé des travaux très intéressants là-dessus. En effet, il y a eu une division persistante et assez générale entre, d'une part, les secteurs financiers et industriels à capital intensif, à haute technologie et à orientation internationale, lesquels sont en fait les véritables gros joueurs, et, d'autre part, les composantes du système à travail intensif, plus orientées vers le marché domestique et à technologie moins avancée. C'est ce qu'on appelle ici les « petites entreprises », mais elles ne sont pas petites du tout. Cette distinction se manifeste sous bien des rapports. Elle apparaît dans le système de lobbyisme, au *Business Council* et, plus récemment, à la *Business Roundtable*, instances qui représentent les gros joueurs. Ceux-ci veulent un gouvernement fort. Beaucoup d'entre eux soutiennent même, selon des modalités diverses, des mesures du type *New Deal*. Ils ont d'ailleurs mis en œuvre certaines de ces mesures. Ils ont préconisé ce qu'ils appellent parfois le capitalisme social. Ils n'entendent pas par là de l'argent allant dans leurs poches. Ce qu'ils entendent, c'est assurer une vie décente pour la classe laborieuse et des bénéfices pour les travailleurs. Cela ne leur coûte pas cher puisque leurs entreprises sont à capital intensif et non à travail intensif. Ils comprennent ce qu'est une société qui fonctionne bien.

En revanche, considérez les Chambres de commerce et la *National Association of Manufacturers* (association nationale des fabricants), qui représentent en général l'autre secteur. Elles préconisent dans bien des domaines des politiques tout à fait différentes. Une des choses qu'on constate actuellement à Washington est un glissement inusité du pouvoir vers le secteur des prétendues petites entreprises. Les gros entrepreneurs n'y voient aucun inconvénient aussi longtemps que cela continue de les enrichir, ce qui est le cas. Mais ils surveillent cette évolution de près. Les Républicains à la Gingrich adoptent un discours plutôt populiste. Ils utilisent même un discours anti-entreprise. Bien sûr ils n'en font rien. Si jamais ils s'avisaient d'agir en ce sens ce serait intéressant de voir tomber le couperet. Je crois qu'ils vont faire long feu. Tant et aussi longtemps qu'ils adopteront un discours populiste mais mettront de l'argent dans les poches des riches, ils pourront discourir s'ils le veulent. Mais s'il y avait vraiment conflit, je crois qu'on les enverrait discrètement promener.

Vous avez toujours dit que vous n'étiez pas trop inquiet tant que ces types, par exemple les troupes de choc républicaines, comme on les appelle, appartenaient au type standard de politicien — profiteur, corrompu, etc. —, mais que vous le seriez s'ils étaient différents. Croyez-vous qu'ils le sont?

Je crois qu'ils incarnent quelque chose de différent qui est intéressant et important. Ils représentent une espèce de proto-fascisme. Et cela est dangereux. Il y a d'abord le fanatisme religieux, chose redoutable. Il y a en outre chez eux un ton culturel qui transparaît partout et qui est empreint d'un caractère très fasciste. Tout ce dont nous avons discuté reflète cela. Et il y a un véritable sadisme. Ils attaquent vraiment toutes griffes dehors. Quiconque ne correspond pas à leurs normes, qui se résument par le slogan: « M'enrichir demain », ils veulent tout simplement le tuer, pas simplement s'opposer à lui, mais le détruire. Ils sont tout à fait disposés — les cyniques comme Gingrich sont des cas extrêmes — mais les autres sont disposés à tenter de susciter la peur et la haine contre les immigrants et les pauvres. Ils sont très contents de le faire. Leurs attitudes sont extrêmement féroces.

Cela se voit partout. Prenez l'État de l'Alabama, qui a non seulement rétabli les chaînes de forçats, mais encore où des groupes de forçats enchaînés doivent concasser des cailloux amenés par camion. C'est du véritable sadisme. Même son de cloche émanant de notre gouverneur, William Weld, qui est censé être un modéré. C'est un des Républicains modérés, un type sympa. Tout juste la semaine dernière on voyait tous les jours dans les journaux une manchette sur des personnes évincées hors des hospices parce que leur manière de vivre ne lui plaisait pas. Ainsi, une femme s'est absentée une journée pour s'occuper d'un enfant mentalement retardé : « Ah bon ! Hors de l'hospice ! » Car le gouverneur n'aime pas cela, il croit qu'elle devrait travailler et non s'occuper de son enfant. Un ancien combattant handicapé ne voulait pas déménager dans un repère notoire de drogués : « Ah bon ! À la rue ! » Voilà pour une journée. Le lendemain, on apprend que les services d'aide sociale et autres services sociaux étatiques devront informer l'INS [*Immigration and Naturalization Service* (service d'immigration et de naturalisation)] s'ils soupçonnent quelqu'un d'être un immigrant illégal, auquel cas celui-ci sera déporté. Ce qui signifie que son enfant aussi sera déporté. Or celui-ci pourrait bien être un citoyen américain. Ainsi, selon le gouverneur, des citoyens américains devront être déportés si la manière de vivre de leurs parents ne lui convient pas.

Le point essentiel, et c'est son objectif, est de s'assurer que ces enfants meurent de faim, parce qu'alors leurs parents ne pourront pas aller se procurer des services. Et les enfants ne pourront pas aller à l'école. Alors donnons-leur un bon coup de pied à la figure. C'est ça l'idée. Et ça continue comme ça, jour après jour. Il y a eu une série d'histoires de ce genre toute la semaine, comme si elles avaient été écrites par Jonathan Swift. Un jour il y a eu une manchette sur le fait que Weld donnait je ne me souviens plus combien d'argent, en tout cas quelques millions de dollars aux types qui gèrent les champs de courses. Entre-temps, on supprimait une dérisoire subvention destinée à lutter contre le jeu compulsif. Le jeu compulsif est une drogue, aussi néfaste que les autres drogues. Mais on veut favoriser cette drogue, et il y a une bonne raison à cela. Car le jeu est un impôt aux dépens des pauvres. Ses amis ne vont pas aux champs de courses. Ce sont les pauvres qui y vont, de même que ce sont eux qui achètent des billets de loterie. Pas ses amis. Ce n'est qu'un de ces impôts très régressifs pour les pauvres parmi d'autres. Alors, développons-le et accroissons les fonds de l'État allant dans les mains des propriétaires de champs de courses qui organisent tout cela.

C'est ainsi jour après jour. C'est du pur sadisme, très conscient. Weld n'est pas un idiot. Il essaie d'obtenir le soutien du public pour ces pratiques en attisant la peur et la haine. L'idée, c'est qu'il y a ces jeunes adolescents (c'est entendu que ce sont des Noirs, bien qu'on ne le dise pas dans un État libéral) qui nous exploitent en faisant beaucoup de bébés. Or nous ne voulons pas les laisser faire cela. Alors haïssons-les et donnons-leur un coup de pied à la figure pendant que je vous en donne un. C'est du vrai fascisme. Et ça c'est le côté libéral, ce ne sont pas les troupes d'assaut de Gingrich. C'est le côté libéral, modéré et éduqué.

De telles attitudes sont générales. Regardez-les. Cette combinaison de fanatisme religieux, d'hystérie, d'intolérance, de méchanceté, de sadisme, de peur et de haine extrêmes, encouragée par des gens qui la comprennent très bien comme Newt Gingrich, William Weld et d'autres, est un procédé conçu pour accroître le pouvoir totalitaire entre les mains, surtout, des tyrannies privées, pour lesquelles ils travaillent, mais également entre les mains d'un État toujours plus puissant qui se consacre de plus en plus aux systèmes sécuritaires et aux dispositifs de transfert des fonds vers les riches. C'est une prescription pour le fascisme. C'est dangereux.

Vous avez dit que le système économique est une « catastrophe grotesque ». Quel type de système préconisez-vous ?
Ça, c'est le sujet d'un autre entretien. Je proposerais un système démocratique. Il est entendu depuis longtemps (cela n'a rien à voir avec la gauche en tant que telle, mais caractérise l'ensemble du mouvement ouvrier américain et les penseurs sociaux indépendants) qu'il n'y a pas de démocratie si les gens ne contrôlent pas les principales décisions. Et celles-ci, comme on l'a aussi compris il y a longtemps, sont fondamentalement des décisions d'investissement. Que fait-on avec l'argent ? Que se passe-t-il dans le pays ? Qu'est-ce

qu'on produit ? Comment le produit-on ? Quelles sont les conditions de travail ? Où va la production ? Comment est-elle distribuée ? Où est-elle vendue ? Tout cet éventail de décisions — il y a certes autre chose dans le monde, mais à moins que ces décisions ne soient pas sous contrôle démocratique, vous avez une forme ou l'autre de tyrannie. C'est vieux comme le monde et aussi américain que la tarte aux pommes. Point n'est besoin d'avoir recours au marxisme ou à autre chose. Cela est issu directement de la grande tradition américaine.

Un tel système s'appuie sur le simple bon sens. C'est certainement le point essentiel. Cela veut dire le démantèlement total de tous les systèmes totalitaires. Car les entreprises sont tout aussi totalitaires que le bolchevisme et le fascisme. Elles sont issues, au début du vingtième siècle, des mêmes racines intellectuelles. Ainsi, de même que les autres formes de totalitarisme doivent disparaître, de même doivent disparaître les tyrannies privées. Elles doivent être mises sous contrôle public.

Envisageons maintenant les modalités du contrôle public. Doit-il s'exercer sous forme de conseils ouvriers ou d'organisations communautaires ou d'une quelconque combinaison des deux ? Quel type de structure fédérale devrait-il y avoir ? À ce point vous commencez à penser à l'aspect et au mode de fonctionnement d'une société libre et démocratique. Cela mérite qu'on y réfléchisse de manière approfondie. Mais nous en sommes très éloignés. La première chose à faire pour réaliser toute espèce de changement, c'est de reconnaître les formes existantes d'oppression. Si les esclaves ne reconnaissent pas que l'esclavage est une oppression, cela ne rime pas à grand-chose que de leur demander pourquoi ils ne vivent pas dans une société libre. Ils croient que oui. Je ne blague pas.

Prenez les femmes. De manière écrasante, et pendant longtemps, elles ressentaient peut-être une oppression, mais elles ne la voyaient pas comme telle. Elles considéraient que c'était la vie. Le fait que vous ne voyiez pas une situation oppressive comme telle ne signifie pas que vous ne le sachiez pas à un certain niveau. Car à un certain niveau vous le savez. La manière dont vous le savez peut revêtir des formes très nuisibles pour vous-même et pour tous les autres. Cela est vrai de tous les systèmes d'oppression. Mais à moins que vous ne le sentiez, l'identifiez et le compreniez, et à moins que vous compreniez aussi que ce n'est pas, comme on le prétend dans cet article du *New Yorker*, l'œuvre du génie du marché, ni un mystère, mais que c'est tout à fait compréhensible et non le génie de quoi que ce soit et qu'on peut facilement le soumettre au contrôle populaire — à moins que toutes ces choses ne soient comprises, vous ne pouvez pas atteindre l'étape suivante, celle que vous avez soulevée : « Comment pouvons-nous changer le système ? »

Je crois qu'on comprendra comment changer le système en lisant la presse indépendante de la classe ouvrière d'il y a 150 ans, dont nous avons parlé plus tôt. C'étaient des travailleurs ordinaires, des artisans, des « filles d'usine » des fermes de Nouvelle-Angleterre et ainsi de suite. Ils savaient comment changer le système. Vous le savez aussi. Ils étaient fortement opposés à ce qu'ils appelaient « le Nouvel Esprit de l'époque : enrichissez-vous en oubliant tout sauf vous-même ». Ils voulaient conserver le haut niveau de culture qu'ils possédaient déjà, la solidarité, la sympathie, le contrôle. Ils ne voulaient pas être des esclaves. Ils croyaient qu'on avait combattu pendant la Guerre de sécession pour mettre un terme à l'esclavage, et non pour l'instituer. Toutes ces perceptions sont tout à fait courantes, parfaitement justes. Vous pouvez les transformer en mode de fonctionnement d'une société beaucoup plus libre.

Les Éditions Écosociété
DE NOTRE CATALOGUE

Les dessous de la politique de l'Oncle Sam
Noam Chomsky

La politique américaine mise à nu.

Une analyse critique et systématique de l'ingérence américaine à travers le monde.

ISBN 2-921561-28-X

11,95 $

L'an 501
La conquête continue

Noam Chomsky

En l'an 501 de la conquête européenne de l'Amérique, alors que les États-Unis ont pris le relais de l'hégémonie mondiale depuis 50 ans, force nous est de constater que la conquête continue.

ISBN 2-921561-13-1

29,95 $

Une société à refaire
Vers une écologie de la liberté

Murray Bookchin

Les origines sociales de la crise écologique. Un livre pour tous ceux qui refusent les idées toutes faites, vers une écologie de la liberté.

ISBN 2-921561-02-6

21,95 $

Pierre Kropotkine, prince anarchiste

George Woodcock et Ivan Avakumovic

Toute une vie d'aventures pour un homme d'une intelligence vigoureuse, sensible et bon qui nous lègue une œuvre scientifique et politique immense.

Du petit page du Tsar Alexandre II au révolutionnaire et écrivain pauvre, un parcours qui se lit comme un véritable roman.

ISBN 2-921561-34-4

29,95$

La lutte des exclus, un combat à refaire

Lorne Brown

L'histoire d'hier pour mieux se défendre aujourd'hui.

ISBN 2-921561-32-8

21,95$

Un peuple, un projet

Roger Julien

Une invitation à sortir de nos individualismes et de notre compétition malsaine.

ISBN 2-921561-31-X

16,95 $

Des ruines du développement

Wolfgang Sachs et Gustavo Esteva

Un livre sérieux sans l'être trop, critique mais juste assez, qui présente les analyses de W. Sachs et les expériences de G. Esteva.

ISBN 2-921561-05-0

16,95 $

L'écologie politique

Au-delà de l'environnementalisme

Dimitrios I. Roussopoulos

Pour s'y retrouver parmi les multiples défenseurs de l'écologie.

L'auteur examine le développement de la crise environnementale et les réactions qu'elle a suscitées chez les gouvernants comme chez les simples citoyens.

ISBN 2-921561-18-2

16,95 $

Entre nous

Rebâtir nos communautés

Marcia Nozick

Il existe en Amérique du Nord des milliers de projets et d'initiatives communautaires qui pourraient changer bien des choses.

Un phénomène source d'espoir.

ISBN 2-921561-04-2

24,95 $

L'État aux orties?

Mondialisation de l'économie et rôle de l'État

Collectif sous la direction de Sylvie Paquerot

Le désengagement de l'État au profit de la sacro-sainte économie : à quel prix ? Celui d'une plus grande injustice sociale et d'un appauvrissement scandaleux !

ISBN 2-921561-29-8

24,95 $

Les carnets d'un militant

André Larivière

Une expérience du militantisme hors du commun qui témoigne de l'engagement de gens ordinaires qui ont décidé de réagir !

ISBN 2-921561-35-2

21,95 $

Et si le Tiers Monde s'autofinançait

De l''endettement à l'épargne

Jacques B. Gélinas

Pour remédier aux problèmes relatifs à la dette, l'auteur préconise l'épargne intérieure, la production vivrière coopérative et la maîtrise du système financier par les producteurs eux-mêmes.

ISBN 2-921561-16-6

21,95 $

La pensée en liberté

Collectif sous la direction de Serge Roy

Les meilleurs textes du *Q-Lotté*, témoignage de la pérennité de la pensée libertaire au Québec.

ISBN 2-921561-30-1

24,95 $

Éduquer. Pour la vie !

Charles E. Caouette

« Il est carrément inacceptable que ce soit à l'école que les jeunes perdent le goût d'apprendre et de se développer, qu'ils y perdent surtout la confiance en eux-mêmes, en leurs ressources et en l'avanir. »

ISBN 2-921561-36-0

16,95 $

les éditions écosociété
À CONTRE-COURANT

Faites circuler nos livres.

Discutez-en avec d'autres personnes.

Inscrivez-vous à notre Club du Livre.

Si vous avez des commentaires, faites-les-nous parvenir ; il nous fera plaisir de les communiquer aux auteurs et à notre comité de rédaction.

Les Éditions Écosociété
C.P. 32 052, succursale Les Atriums
Montréal (Québec)
H2L 4Y5